Inhalt

Zum Einstieg

- Oft hilft es, vor der eigentlichen Berechnung eine Skizze für das bessere Verständnis anzufertigen, ebenso hilfreich ist es „gegeben" und „gesucht" aufzulisten.
- Es ist sinnvoll, sich zum Zeitpunkt einer Prüfung mit der Verwendung von Tabellenbüchern auszukennen. Der Umgang soll hier geübt werden.
- Manchmal sind verschiedene Lösungswege möglich. Die Wahl des Lösungsweges ist jedem persönlich überlassen. Wichtig ist ein richtiges Ergebnis.
- Die anschließenden Übungen zum jeweiligen Thema dienen dazu, den eigenen Lernerfolg zu überprüfen und Wissen zu festigen. Nicht umsonst heißt es „Übung macht den Meister".
- Das Aufzeigen möglicher Fehlerquellen soll auf Leichtsinnsfehler hinweisen, die allzu schnell gemacht werden.

Hinweis
Aus Gründen der Lesbarkeit und Verständlichkeit wurde im Text die männliche Form gewählt, dennoch beziehen sich die Angaben auf alle Geschlechter.

1. Teile des griechischen Alphabets

In der Technik drückt man sich mit Hilfe von Formeln aus. Diese bestehen oft aus Buchstaben des griechischen Alphabets.

Es ist wichtig, die Bedeutung der Buchstaben zu kennen, um Formeln zur Berechnung anwenden zu können.

Es ist nicht erforderlich alle Buchstaben und ihre Bedeutung zu kennen. Hier folgen die Wichtigsten:

Griech. Kleinbuchstabe		Bedeutung
α	(alpha)	Winkel, Temperaturkoeffizient, Zündwinkel
β	(beta)	Winkel, Kurzschlussstromverstärkungsfaktor
γ	(gamma)	Winkel, elektrische Leitfähigkeit
δ	(delta)	Verlustwinkel
ε_0	(epsilon null)	elektrische Feldkonstante
ε	(epsilon)	Permittivität, Dehnung
ζ	(zeta)	Arbeitsgrad, Nutzungsgrad, Widerstandsbeiwert Druckverlust
η	(eta)	Wirkungsgrad
ϑ	(theta)	Temperatur
λ	(lambda)	Wellenlänge, Wärmeleitfähigkeit
μ	(mü)	Permeabilität, Reibungszahl
μ_0	(mü null)	magnetische Feldkonstante
π	(pi)	Kreiszahl, mathematische Konstante (3,1415926...)
ρ	(rho)	spezifischer Widerstand, Dichte
σ	(sigma)	Streufaktor, mechanische Spannung
τ	(tau)	Zeitkonstante, Scherspannung
φ	(phi)	Winkel, insbesondere Phasenverschiebungswinkel
ω	(omega)	Winkelgeschwindigkeit, Kreisfrequenz

Griech. Großbuchstabe		Bedeutung
Δ	(Delta)	Differenz
Σ	(Sigma)	Summe
Θ	(Theta)	elektrische Durchflutung
Φ	(Phi)	magnetischer Fluss, Lichtstrom
Ψ	(Psi)	elektrischer Fluss
Ω	(Omega)	Raumwinkel

Partnerarbeit hilft.

- ➡ Lassen Sie sich Bedeutung und Buchstaben von einer zweiten Person diktieren.
- ➡ Man lernt intensiver durch Aufschreiben – wie beim Vokabellernen.
- ➡ Beim Lernen helfen auch Karteikarten oder eine Vokabel-App!

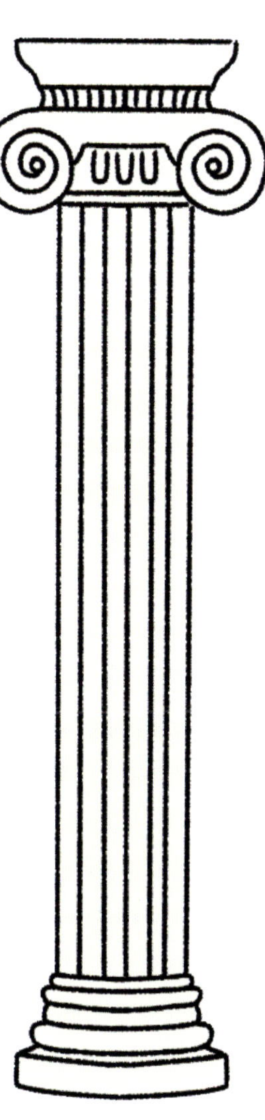

2. Einheitenvorsätze

Einheitenvorsätze helfen, viele Ziffernstellen vor oder hinter einem Komma zu vermeiden und damit sehr große oder sehr kleine Zahlen übersichtlich darzustellen.

Die Kombination von Vorsatzzeichen ist nicht erlaubt.

1000 g = 0,001 Mg richtig!

1000 g = 0,001 kkg falsch!

Die Umrechnung in geeignete Einheitenvorsätze ist wichtig, um sich eine ermittelte Größe besser vorstellen, „besser fassen“ zu können. Andernfalls kann eine Größenangabe durch eine viel zu große Zahl, z.B. 1000000000000 g (= 1000 Gg) oder eine viel zu kleine Zahl z.B. 0,00000000001 m (= 0,01 nm = 10 pm) verwirren.

Hier ist, wie beim griechischen Alphabet auch, stures Auswendiglernen angesagt. Und dann bitte das Gelernte nicht in einer Schublade im Gehirn verschließen. Das Gelernte wird oft in der Technik angewandt.

Auch hier hilft Partnerarbeit beim Lernen: eine Person diktiert, eine Person schreibt auf.

Die Schritte zwischen den Vorsätzen betragen oft drei Kommastellen.

Bedeutung (Faktor)	Vorsatz	Vorsatzzeichen
10^{-18}	Atto	a
10^{-15}	Femto	f
10^{-12}	Piko	p
10^{-9}	Nano	n
10^{-6}	Mikro	µ
10^{-3}	Milli	m
10^{-2}	Zenti	c
10^{-1}	Dezi	d
10	Deka	da
10^{2}	Hekto	h
10^{3}	Kilo	k
10^{6}	Mega	M
10^{9}	Giga	G
10^{12}	Tera	T
10^{15}	Peta	P
10^{18}	Exa	E

Übungsaufgaben:

2. - A1

2,7 F	=	µF
2,5 s	=	ms
2,5 kN	=	N
28 g	=	kg
2,8 MW	=	W
1 cm	=	µm
100.000 Pa	=	kPa
8 dm	=	mm
8,6 GW	=	MW
18 MN	=	kN
0,00075 kg	=	mg
5 hl	=	ml

Mögliche Fehlerquellen: Die Vorsätze wurden nicht intensiv oder gar nicht gelernt.

3. Bruchrechnung

Durch Bruchrechnung kann man Teile einer Gesamtmenge berechnen. In der Technik müssen Bruchrechenregeln für Berechnungen von Parallelschaltungen, bei Übersetzungsverhältnissen oder auch bei Maßstabsberechnungen richtig angewendet werden.

Bevor die Regeln der Bruchrechnung angewendet werden, ist es wichtig, die Begriffe Zähler und Nenner zu klären.

Zähler
Wie viele Teile vom Ganzen sind vorhanden?

Nenner
In wie viele Teile wurde ein Ganzes zerlegt?

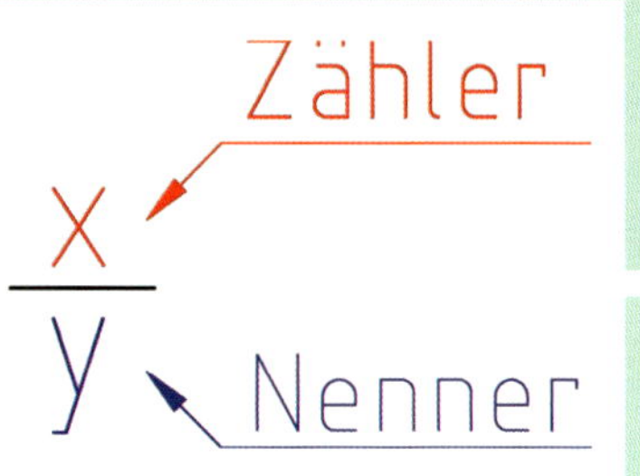

Strichrechnung, d.h. Addition und Subtraktion:

Man kann Brüche nur addieren oder subtrahieren (+ oder -), wenn alle Brüche gleiche Nenner haben, d.h. zur Ermittlung des Gesamtbruches müssen alle Brüche gleichnamig sein.

Gleichnamig heißt, die Zahlen unter den Bruchstrichen müssen bei allen Brüchen gleich sein, um weitere Rechenoperationen durchführen zu können. Gleiche Nenner erhält man durch Erweitern.

Beispiel: $\frac{3}{4} + \frac{2}{6}$ ▸ gleicher kleinster gemeinsamer Nenner ist 12.

Um den ersten Nenner auf 12 zu rechnen muss die 4 mit 3 multipliziert werden; die 6 mit 2.

Was unter dem Bruchstrich geschieht, muss auch über dem Bruchstrich geschehen, sonst würde der Bruch sich verfälschen.

D.h. $\frac{3 \cdot 3}{4 \cdot 3} + \frac{2 \cdot 2}{6 \cdot 2} = \frac{9}{12} + \frac{4}{12}$

Erst jetzt können beide Brüche miteinander addiert werden. Hierbei gelten im Zähler die allgemeinen Subtraktions- und Additionsregeln. Der neu ermittelte gleichnamige Nenner wird beibehalten:

$\frac{9}{12} + \frac{4}{12} = \frac{13}{12} = 1\frac{1}{12}$

Mögliche Fehlerquellen beim Bruchrechnen:

Man vergisst bei Addition oder Subtraktion von Brüchen diese vor der eigentlichen Berechnung gleichnamig zu machen.

Man verwendet bei Division den Kehrwert des 1. Bruches und multipliziert diesen mit dem 2. Bruch. Da kommt genau der Kehrwert des Ergebnisses heraus.

Multiplikation

Bei Multiplikation müssen die Brüche nicht gleichnamig sein. Alle Zahlen der Zähler werden miteinander multipliziert und alle Zahlen der Nenner werden multipliziert.

Beispiel: $\frac{3}{4} \cdot \frac{2}{6} = \frac{3 \cdot 2}{4 \cdot 6}$

Diesen Bruch kann man kürzen: 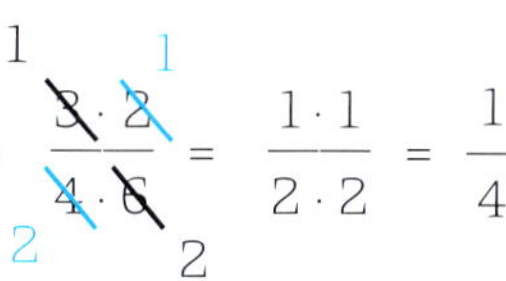 $= \frac{1 \cdot 1}{2 \cdot 2} = \frac{1}{4}$

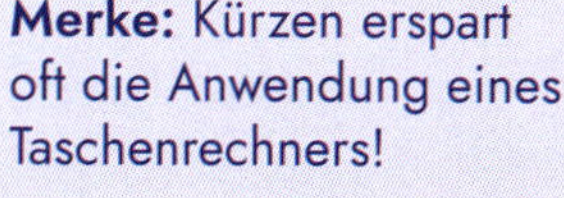

Merke: Kürzen erspart oft die Anwendung eines Taschenrechners!

Division

Die Division von Brüchen wird von fast allen Schülern beherrscht. Man multipliziert den 1. Bruch mit dem Kehrwert des 2. Bruches. D.h. der 1. Bruch bleibt stehen, der 2. Bruch wird umgekehrt geschrieben.

Beispiel: $\frac{3}{4} \div \frac{2}{6} = \frac{3}{4} \cdot \frac{6}{2} = \frac{3 \cdot 6}{4 \cdot 2} = \frac{18}{8}$

$\frac{18}{8}$ kann man mit 2 kürzen: $\frac{18 \div 2}{8 \div 2} = \frac{9}{4}$

Unechte Brüche

$\frac{9}{4}$

nennt man einen unechten Bruch, weil der Zähler größer ist als der Nenner.
Man kann den Bruch in eine gemischte Zahl umwandeln:

$9 \div 4 = 2 \text{ Rest } \frac{1}{4}$

Zu Beginn der Ausbildung meldete sich ein Azubi im Unterricht: „Bruchrechnen? Wofür denn? Das macht meine Schwester gerade im 7. Schuljahr“

...Am Ende der Ausbildung bestätigte er, wie wichtig es war, die mathematischen Grundlagen, auch das Bruchrechnen, in der Ausbildung noch einmal zu wiederholen.

3. Bruchrechnung

Der kleinste gemeinsame Nenner

Wie groß ist der kleinste gemeinsame Nenner von

$$\frac{3}{14} + \frac{1}{2} + \frac{3}{4} + \frac{5}{7} \;?$$

Den gemeinsamen Nenner findet man durch Multiplikation der einzelnen Nenner: $14 \cdot 2 \cdot 4 \cdot 7 = 784$.

Dieser errechnete gemeinsame Nenner muss nicht zwingend der **kleinste** gemeinsame Nenner sein.

Durch die große Zahl im Nenner wird auch im Zähler eine große Zahl stehen, was zu Fehlern beim Weiterrechnen führen kann.

Den kleinsten gemeinsamen Nenner findet man mit Hilfe der **Primfaktorzerlegung**.

Dies funktioniert folgendermaßen:
Man zerlegt jede Zahl im Nenner in die kleinste Zahl, die nur durch 1 und sich selbst teilbar ist (Primzahl), schreibt die Zahlen wie im Beispiel untereinander und multipliziert dann die Zahlen miteinander:

$$\begin{array}{l|cccc} 14 \rightarrow & & 2 \cdot & & 7 \\ 2 \rightarrow & 1 \cdot & 2 & & \\ 4 \rightarrow & & 2 \cdot & 2 & \\ 7 \rightarrow & 1 \cdot & & & 7 \\ \hline & 1 \cdot & 2 \cdot & 2 \cdot & 7 \end{array} = 28$$

Der kleinste gemeinsame Nenner im Beispiel beträgt 28, d.h. man erweitert nun jeden Bruch so, dass im Nenner 28 steht. Erst dann kann das Endergebnis berechnet werden.

$$\frac{3 \cdot 2}{14 \cdot 2} + \frac{1 \cdot 14}{2 \cdot 14} + \frac{3 \cdot 7}{4 \cdot 7} + \frac{5 \cdot 4}{7 \cdot 4} =$$

$$\frac{6}{28} + \frac{14}{28} + \frac{21}{28} + \frac{20}{28} = \frac{61}{28} = 2\,\frac{5}{28}$$

Gemischte Zahlen

Gemischte Zahlen sind Zahlen, die aus einer ganzen Zahl und einem Bruch bestehen. Gemischte Zahlen wandelt man in einen ganzen Bruch um, indem man die ganze Zahl mit dem Nenner multipliziert und anschließend zum Zähler addiert. Die ermittelte Zahl bildet nun den Zähler, der Nenner wird beibehalten.

Beispiel: $2\,\frac{2}{3}$

$2 \cdot 3 + 2 = 8$, folglich sind $2\,\frac{2}{3} = \frac{8}{3}$

Übungsaufgaben – ohne Taschenrechner:

3. - A1

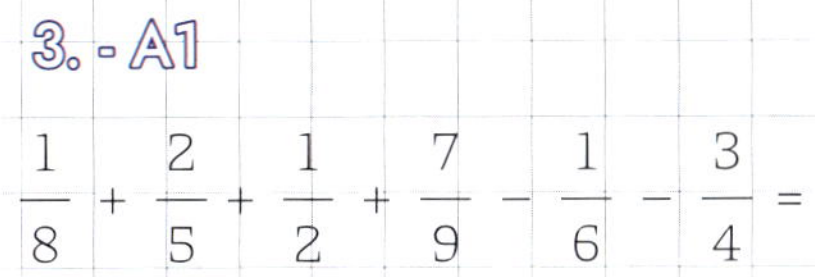

$$\frac{1}{8} + \frac{2}{5} + \frac{1}{2} + \frac{7}{9} - \frac{1}{6} - \frac{3}{4} =$$

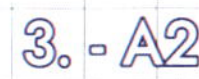

3. - A2

$$\frac{2}{3} \cdot \frac{7}{8} \cdot \frac{5}{6} =$$

3. - A3

$$\frac{7}{9} \div \frac{1}{3} =$$

3. - A4

$$2\frac{3}{5} \div \frac{1}{10} =$$

4. Zeichenregeln

Eine Technische Zeichnung ist die Abbildung eines Werkstückes nach genauen Vorgaben.

Sie dient der einheitlichen, weltweiten Kommunikation und dem Verständnis. Daher ist es wichtig, vorgegebene Richtlinien einzuhalten.

Die Internationale Organisation für Normen (International Organization for Standardization, kurz ISO), erarbeitet diese Normen, so dass alle Technischen Zeichnungen nach den gleichen Regeln und Vorgaben erstellt werden. Somit kann jeder sie verstehen, auch wenn unterschiedliche Sprachen gesprochen werden. ISO kommt aus dem Griechischen und heißt „gleich".

Wichtig: Eine Technische Zeichnung wird sehr sachlich gezeichnet; sie ist kein kunstvolles Gemälde.

Grundlagen

- man sollte immer mit Geodreieck und spitzem Bleistift zeichnen, sehr vorteilhaft ist die Anschaffung einer Zeichenplatte (die Anschaffung kostet je nach Fabrikat ca. 30 Euro)
- die Verwendung einer Zeichenplatte verhindert schiefe Linien
- es gibt keine Freihandlinien; außer zur Darstellung von Ausbrüchen oder in Skizzen
- Schraffuren erfolgen mit schmaler Volllinie 45 ° gleichmäßig bis an die Werkstückkante, nicht frei Hand
- sichtbare Kanten werden mit breiter Volllinie gezeichnet
- bei Bohrungen, Kreisen und Radien beginnt man mit der Symmetrielinie, das ist die Mittellinie des dargestellten Gegenstandes. Danach werden Schablonen oder Zirkel verwendet, kein Glas, keine Füllerkappe o.ä.
- die Symmetrielinie ist eine schmale Strichpunktlinie
- Symmetrielinien treffen sich nicht in den Lücken, sondern in den Strichen

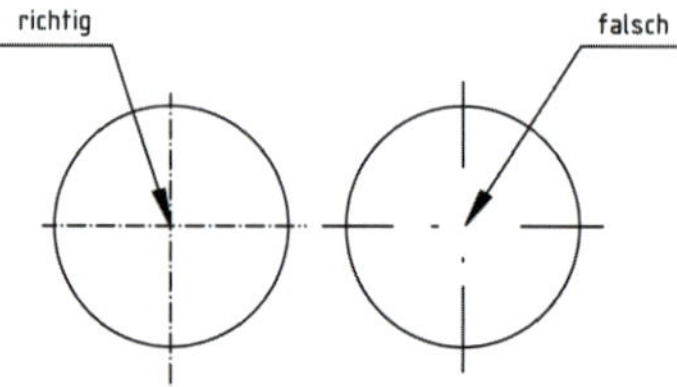

Grundlagen Technische Zeichnungen

- eine Technische Zeichnung hat immer einen Rahmen für Lochung zum Abhängen und ein Schriftfeld (mit Namen, Datum, Maßstab und Benennung, damit man weiß, wer was wann wie dargestellt hat)
- das 1. Maß einer Bemaßung befindet sich immer 10 mm von der Werkstückkante, jedes weitere Maß ist 7 mm entfernt

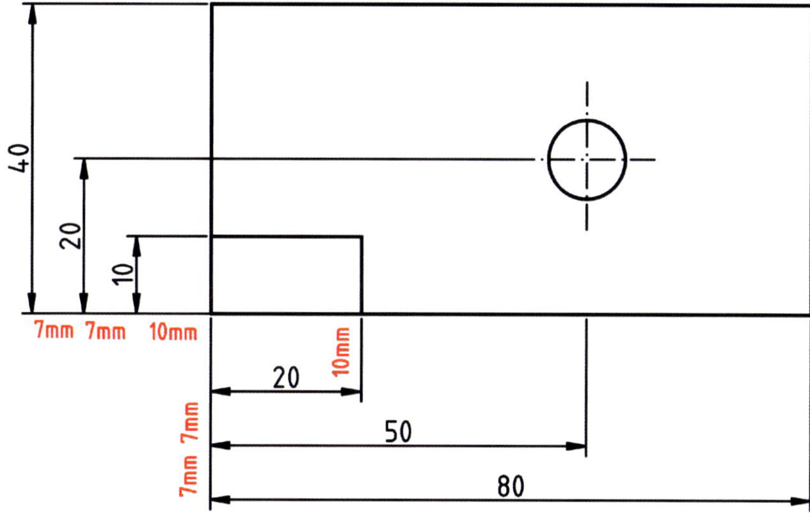

- Bemaßung ist immer von unten und von rechts lesbar
- Bemaßung und Beschriftung hat innerhalb einer Zeichnung bei jeder Zahl und jedem Wort die gleiche Schriftgröße
- bemaßt und beschriftet wird in Normschrift mit gleichmäßiger Größe
- Einheiten stehen nie in einer Zeichnung, sondern nur das Maß selbst
- die übliche Einheit in einer Technischen Zeichnung ist mm, ansonsten werden andere Einheiten angegeben
- die wichtigsten Ansichten sind Vorderansicht, Seitenansicht von links (Darstellung rechts neben der Vorderansicht) und Draufsicht

Man sollte sich immer vorstellen, dass man selber das zu zeichnende Werkstück zu fertigen hat. Dadurch findet man automatisch alle notwendigen Maße für die eindeutige Technische Zeichnung zur Herstellung eines Werkstückes.

4. Zeichenregeln

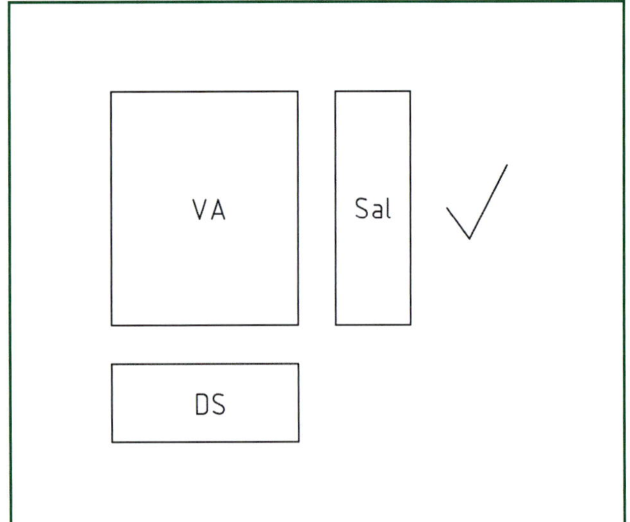

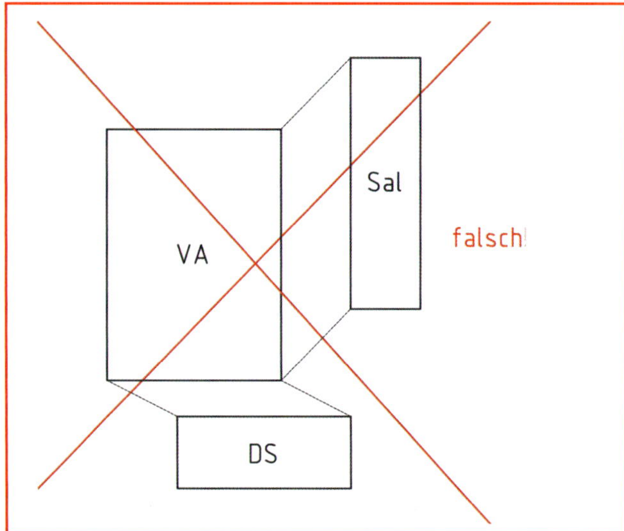

Projektionsmethode 1

Projektionsmethode 1
– nur bezogen auf die drei wesentlichen Ansichten:

- Vorderansicht (VA)
- Seitenansicht von links (Sal)
- Draufsicht (DS)

Die Projektionsmethode 1 findet Anwendung in Deutschland und den meisten europäischen Ländern.

- Ansichten befinden sich immer in einer Flucht und nicht versetzt wie rechts dargestellt
- Die Beschriftung einer Zeichnung erfolgt mit Bleistift und nicht mit Kugelschreiber o.ä. Der Bleistift sollte nicht zu weich sein, sonst können unschöne graue Schatten entstehen. Der Bleistift sollte auch nicht zu hart sein, sonst lässt sich eine Kontur schlecht wegradieren
- Schrift- und Maßzahlgröße sollten der Zeichnungsgröße bzw. dem Maßstab angepasst sein

Frage: „Wie haben Sie denn den „Kreis" auf das Blatt gemurkst?"

Antwort: „Ich habe den Kreis gezeichnet, indem ich meine Füllerkappe umrundet habe. Ich hatte nichts Anderes."

Unterschiedliche Linientypen

Volllinie

gestrichelte Linie

Symmetrielinie/ Mittellinie

Freihandlinie

Wenn man zwei Geodreiecke aufeinander legt, kann man sehr einfach eine Schraffur zeichnen.

Dabei wird ein Geodreieck nach jedem gezeichneten Schrägstrich entlang des 2. Geodreieckes **gleichmäßig** um z.B. 5 mm verschoben.

So erhält man einen gleichmäßigen Abstand der Schraffur.

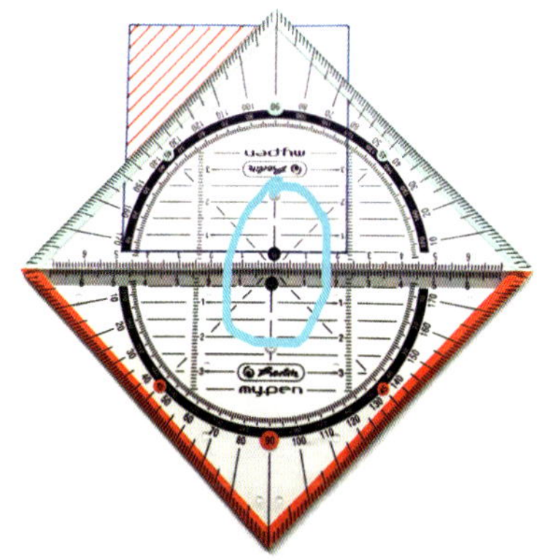

Platz zum Üben und Ausprobieren:

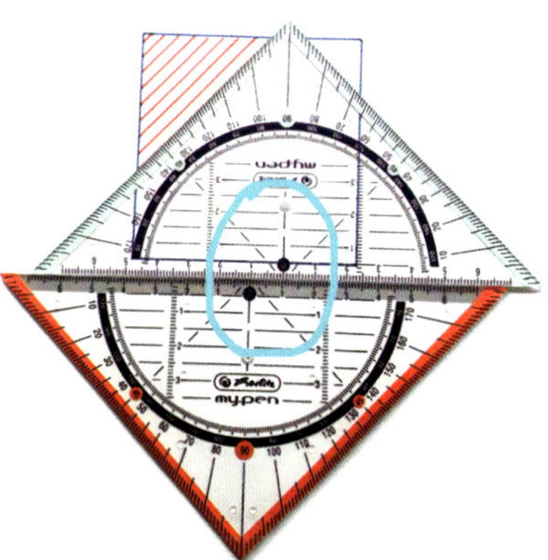

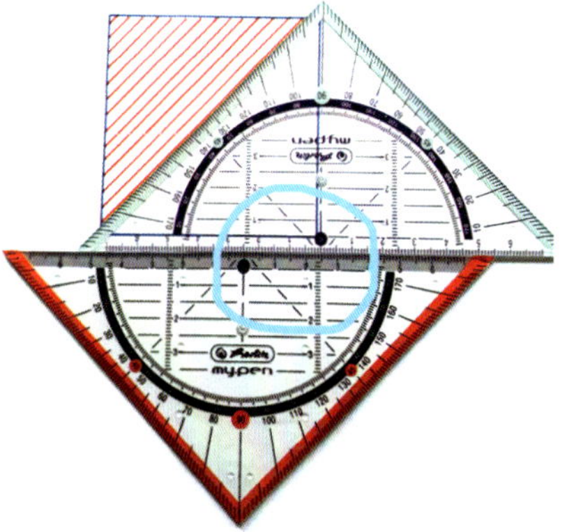

5. Maßstäbe

Maßstäbliche Darstellungen werden verwendet, um Gegenstände verkleinert oder vergrößert darzustellen, wobei die Größenverhältnisse zueinander beibehalten werden.

Maßstäbe sind genormt nach DIN ISO 5455.

Mit einem angegebenen Maßstab rechnet es sich viel einfacher, wenn man ihn als Bruch anwendet.

Z.B. M 1:50 = $\frac{1}{50}$!

Vor einen Maßstab gehört immer ein M als Kennzeichnung.

Es gibt

- Verkleinerungsmaßstäbe
  z.B M 1:2, M 1:5, M 1:10, M 1:20, M 1:50, M 1:100 usw.
- den natürlichen Maßstab
  M 1:1
- Vergrößerungsmaßstäbe
  z.B. M 50:1, M 20:1, M 10:1, M 5:1, M 2:1

Der Maßstab M 1:12 ist nicht genormt und existiert in der Technik nicht.

Verkleinerungsmaßstab M 1:50 heißt, der Gegenstand ist 50 mal kleiner dargestellt, als er in der Realität ist.

Zahl **hinter** dem Doppelpunkt > 1, z.B. M 1:2 heißt **Verkleinerung**smaßstab

Zahl **vor** dem Doppelpunkt > 1, z.B. M 2:1 heißt **Vergrößerung**smaßstab

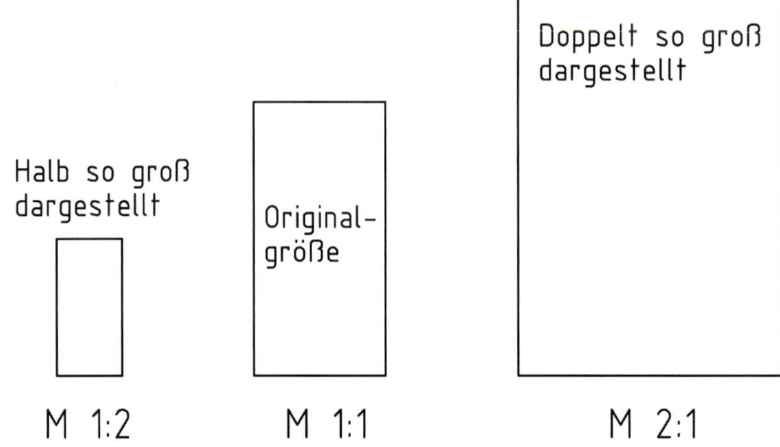

Verdeutlichung der Größendarstellung des gleichen Gegenstandes bei unterschiedlichen Maßstäben

- Vergrößerungsmaßstab z.B. M 2:1 heißt, der Gegenstand wird doppelt so groß dargestellt wie in der Realität.
- Natürlicher Maßstab M 1: 1 heißt, der Gegenstand ist so groß dargestellt, wie er tatsächlich ist.
- Verkleinerungsmaßstäbe, z.B. M 1:2, nutzt man, um eine Gesamtdarstellung auf ein Format, eine Seite zu bekommen. Dies ist übersichtlicher.
- es ist wichtig, den Maßstab einer Darstellung anzugeben, um falsche Eindrücke zur Größe zu vermeiden.
- Maßstäblich heißt, die Größenverhältnisse zueinander bleiben erhalten, auch wenn verkleinert oder vergrößert wurde.
- Winkel werden in ihrer Größe von Maßstäben nicht beeinflusst.
- Vergrößerungsmaßstäbe nutzt man zur Darstellung von Details. Diese sind dann besser zu erkennen.

$$\mathbf{l_z = l \cdot M}$$

Zeichnerische Länge = tatsächliche Länge · Maßstab

Formelzeichen:
l_z *= Länge in der Zeichnung*
l *= tatsächliche Länge*
M *= Maßstab*

Ein Beispiel:

Wird eine 1,5 m lange Rohrleitung im Maßstab M 1:10 gezeichnet, dann wird die Rohrleitung in der Zeichnung wie folgt dargestellt:

$$l_z = l \cdot M = 1500\text{ mm} \cdot \frac{1}{10} = 150\text{ mm} = 15\text{ cm}$$

Für Berechnungen wird der Maßstab als Bruch verwendet,

z.B. M 1:10 = $\frac{1}{10}$

5. Maßstäbe

Übungsaufgaben:

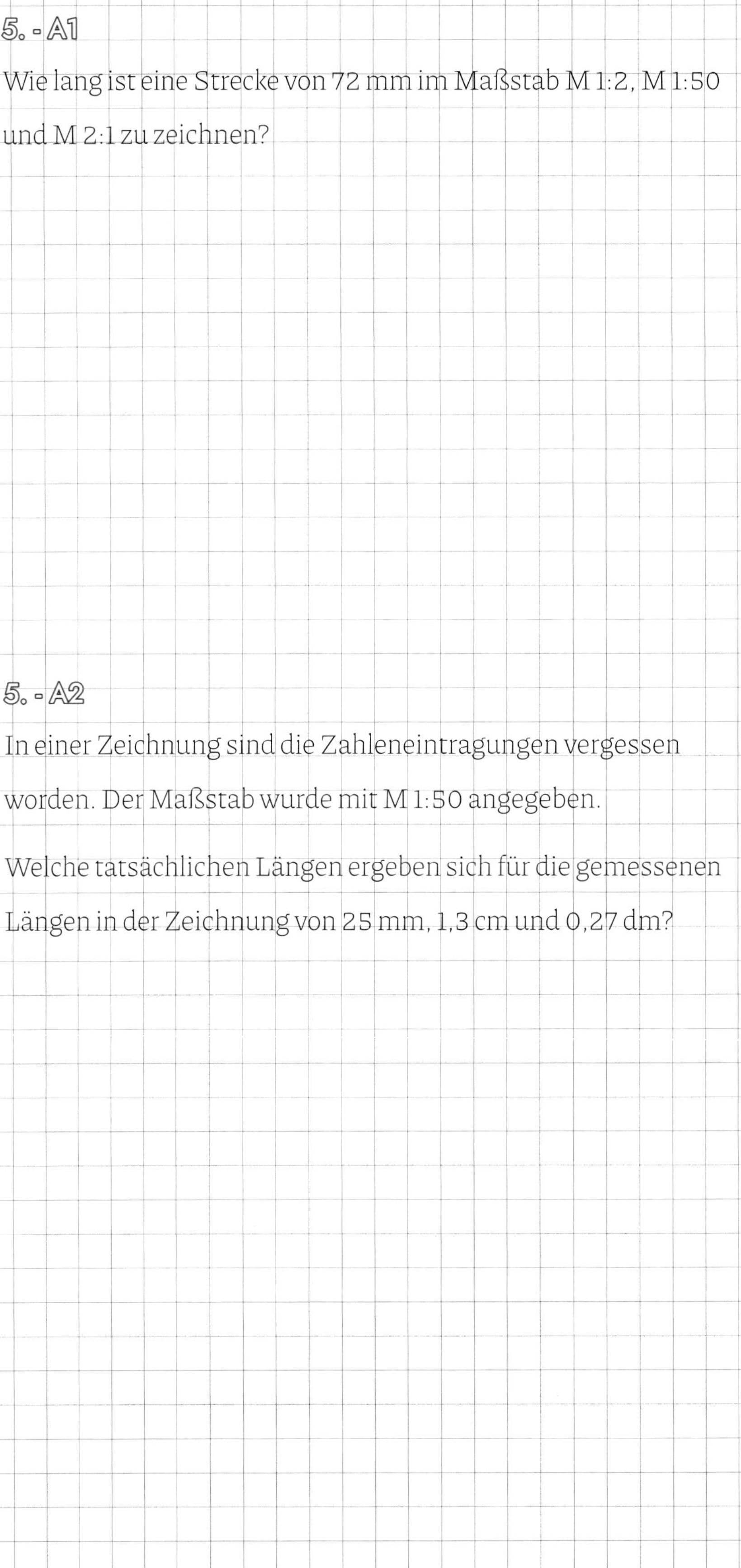

5. - A1

Wie lang ist eine Strecke von 72 mm im Maßstab M 1:2, M 1:50 und M 2:1 zu zeichnen?

5. - A2

In einer Zeichnung sind die Zahleneintragungen vergessen worden. Der Maßstab wurde mit M 1:50 angegeben.

Welche tatsächlichen Längen ergeben sich für die gemessenen Längen in der Zeichnung von 25 mm, 1,3 cm und 0,27 dm?

6. Steigung

Zur Rohrleitungsverlegung von Gebäudeinstallationen (Heizung, Kälte, Öl, Gas, Wasser) oder auch für ein Bodengefälle ist es wichtig, dass eine Steigung oder ein Gefälle berechnet werden kann.

Wird eine Leitung mit Steigung oder Gefälle verlegt, hat sie einen direkten schrägen Verlauf.

Man kann die Steigung m in zwei Richtungen zerlegen, in die waagerechte Länge l und in die senkrechte Höhe Δh.

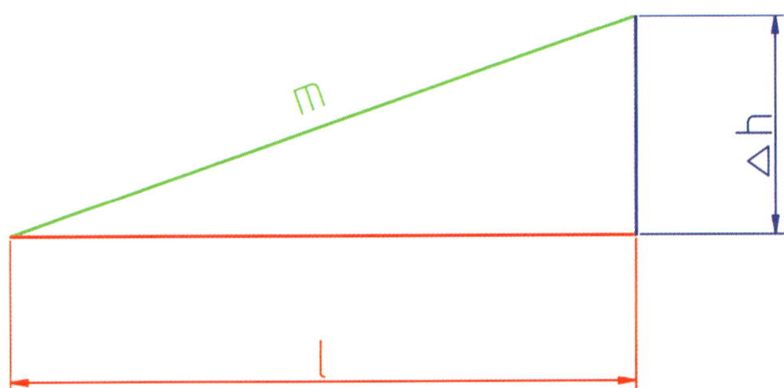

Über diese beiden Richtungen kann man die Steigung bzw. das Gefälle m errechnen.

$$m = \frac{\Delta h}{l} \cdot 100\,\%\ [\%]$$

Formelzeichen:
m = Steigung [%]
Δh = Höhenänderung [mm, m]
l = Länge [m]

Ein Beispiel:

Eine Rohrleitung ist auf einer Länge von 2 m mit einer Steigung von 10 cm zu verlegen. Wie groß ist die Steigung in %?

Gegeben: Δh = 10 cm = 100 mm; l = 2 m = 2000 mm

Gesucht: m [%]

$$m = \frac{\Delta h}{l} \cdot 100\,\% = \frac{100\text{ mm}}{2000\text{ mm}} \cdot 100\,\% = 5\,\%$$

Antwort:

Die Steigung der Rohrleitung beträgt 5 %.

6. Steigung

Übungsaufgaben:

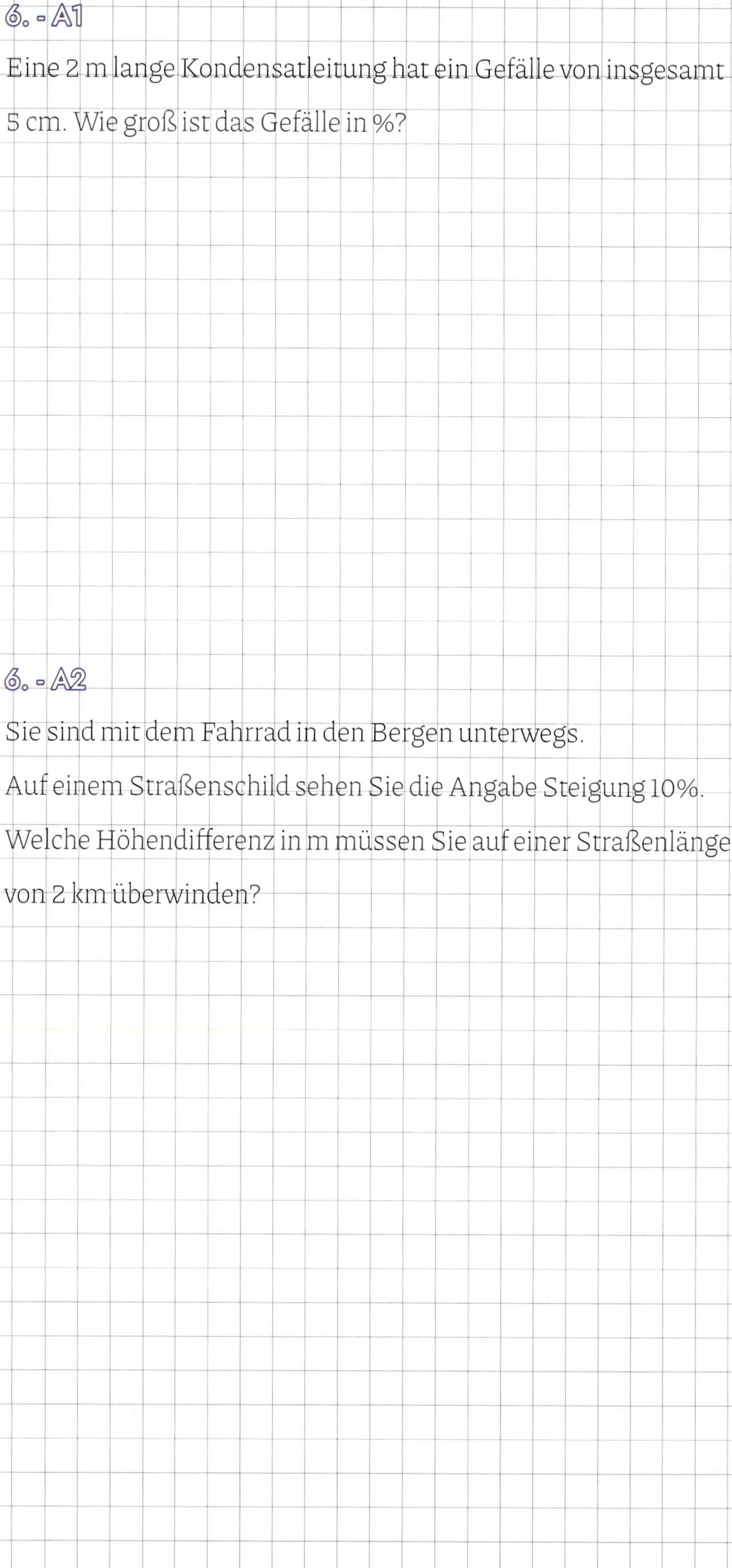

6. - A1

Eine 2 m lange Kondensatleitung hat ein Gefälle von insgesamt 5 cm. Wie groß ist das Gefälle in %?

6. - A2

Sie sind mit dem Fahrrad in den Bergen unterwegs.

Auf einem Straßenschild sehen Sie die Angabe Steigung 10%.

Welche Höhendifferenz in m müssen Sie auf einer Straßenlänge von 2 km überwinden?

7. Gleichungen und Formeln umstellen

In der Technik verwendet man nicht viele Worte. Man drückt sich mit Hilfe von Gleichungen und Formeln aus.

Will man eine unbekannte Größe ausrechnen, muss man die entsprechenden Gleichungen und Formeln umstellen können.

Bei der Umstellung von Formeln und Gleichungen strebt man immer einen Gleichgewichtszustand an. Die Werte links und rechts des Gleichheitszeichens müssen immer **auf beiden Seiten gleichmäßig verändert** werden, damit die Waage im Gleichgewicht bleibt: Nehme ich 4 kg auf der einen Seite herunter, dann muss dies auch auf der anderen Seite geschehen.

$x + 4 = 12 \quad | -4$

$x + 4 - 4 = 12 - 4$

$\mathbf{x = 8}$

Den Mittelpunkt oder Fuß der Waage bildet das Gleichheitszeichen.

Das Umstellen von Formeln und Gleichungen kann man mit einer Waage vergleichen, die sich immer im Gleichgewicht befinden muss.

Befindet sich in der Gleichung eine Unbekannte z.B. ein x, wird die Gleichung so umgestellt, dass die **Unbekannte alleine auf einer Seite isoliert** steht, z.B. x = ...

Ein Term ist eine sinnvolle Verknüpfung von Zahlen (z.B. 2, 7, 28, ...), Variablen (z.B. x, y, z, ...) und Rechenzeichen (z.B. +, -, ·. :, √...). Ein Term enthält keine Zeichen wie =, >, <.

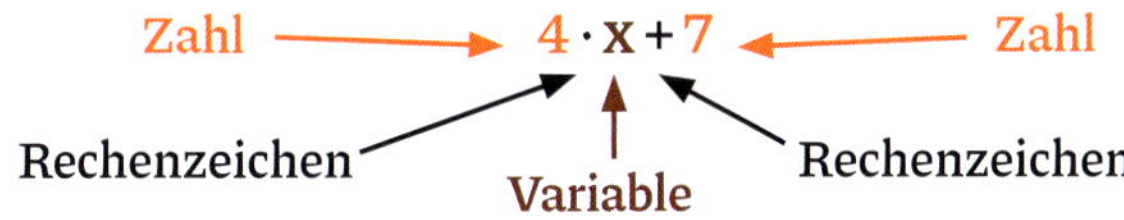

Zahlen oder Buchstaben einer Gleichung oder Formel bringt man von einer Seite auf die andere, indem man das Gegenteil von dem rechnet, was im ursprünglichen Term steht:
Aus + wird –, aus – wird +, aus · wird : , aus : wird ·,
aus hoch 2 wird die Wurzel gezogen
und umgekehrt werden Wurzeln mit dem Wurzelwert potenziert.

- **aus + wird - und umgekehrt**
- **aus · wird : und umgekehrt**
- **aus hoch 2 wird die Wurzel gezogen**
- **umgekehrt werden Wurzeln mit dem Wurzelwert potenziert**

7. Gleichungen und Formeln umstellen

Beispiele:

$x + 2$	$= 5$	$\mid -2$	$x \div 3$	$= 5$	$\mid \cdot 3$
$x + 2 - 2$	$= 5 - 2$		$x \div 3 \cdot 3$	$= 5 \cdot 3$	
$\mathbf{x}$	$\mathbf{= 3}$		$\mathbf{x}$	$\mathbf{= 15}$	

$x - 3$	$= 13$	$\mid +3$	x^2	$= 49$	$\mid \sqrt{}$
$x - 3 + 3$	$= 13 + 3$		$\sqrt{x^2}$	$= \sqrt{49}$	
$\mathbf{x}$	$\mathbf{= 16}$		$\mathbf{x}$	$\mathbf{= 7}$	

$x \cdot 7$	$= 14$	$\mid \div 7$	$\sqrt[3]{x}$	$= 4$	$\mid$ hoch 3
$\frac{x}{7}$	$= \frac{14}{7}$		$(\sqrt[3]{x})^3$	$= 4^3$	
$\mathbf{x}$	$\mathbf{= 2}$		$\mathbf{x}$	$\mathbf{= 4 \cdot 4 \cdot 4 = 64}$	

Man sollte beim Berechnen unbedingt schrittweise vorgehen und nicht mehrere Rechenoperationen in einem Schritt ausführen.

Sollte eine Gleichung einen Bruch enthalten, löst man diesen zuerst auf, d.h. alles was sich unter einem Bruchstrich befindet, kann man durch Multiplikation auflösen.

Ein Bruchstrich ist wie ein Divisionszeichen. $\frac{4}{2} = 4:2$

Formeln sind Gleichungen mit Formelzeichen, z.B. ein Buchstabe aus dem griechischen Alphabet. Wichtig ist schrittweises umformen. Ganz egal, ob die Gleichungen aus Zahlen oder Buchstaben bestehen...wer das Prinzip der Umstellung beherrscht, wird es nie mehr vergessen.

12x heißt das Gleiche wie $12 \cdot x$.

Mögliche Fehlerquellen:

- man bildet Doppelbrüche, z. B. $\frac{2}{2/4}$
  Doppelbrüche gibt es nicht.
  Der unterste Nenner rutscht in den oberen Zähler: $\frac{2 \cdot 4}{2}$
- man formt eine Seite der Gleichung um und vergisst dies auf der anderen Seite der Gleichung genauso zu tun
- man unterscheidet nicht zwischen Gleichungen, die durch Punkt- und Strichrechnung miteinander verbunden sind.
  Eine Seite der Gleichung besteht aus einem Produkt, z.B. $2 \cdot x \cdot y \cdot z$.
  Ein solches Produkt kann man komplett durch Division auf die andere Seite übernehmen
- auf einer Seite der Gleichung werden Rechenoperationen durch ein Plus oder ein Minus getrennt, z.B. $2 \cdot x + y \cdot z$. Hier kann man nur einen Teil, entweder $2 \cdot x$ oder $y \cdot z$ durch Subtraktion auf die andere Seite der Gleichung bekommen
- Klammern werden nicht richtig aufgelöst
- der allerhäufigste Fehler allerdings ist, dass man eine Formel falsch umstellt, in dem man versucht, den Nenner eines Terms durch Division des Zählers zu isolieren, z.B.

  $v = \frac{s}{t} \quad |:s$

  dann ist $\frac{v}{s}$ nicht t sondern immer noch $\frac{1}{t}$

7. Gleichungen und Formeln umstellen

Übungsaufgaben – ohne Taschenrechner:

7. - A1

Stellen Sie die Formel nach l_3 um.

$$l = l_1 + l_2 - l_3$$

7. - A2

Stellen Sie die folgende Formel nach d um.

Um welche Berechnungsformel handelt es sich?

$$V = \frac{d^2 \cdot \pi \cdot h}{4 \cdot 3}$$

7. - A3

Stellen Sie die folgende Formel nach d_2 um.

Was kann man mit dieser Formel berechnen?

$$A = \frac{(d_1^2 - d_2^2) \cdot \pi}{4}$$

7. - A4

Stellen Sie die Formel nach n_1 um.

$$\frac{d_1}{d_2} = \frac{n_2}{n_1}$$

7. - A5

Wie groß ist x?

$$x^2 + 5 = 41$$

7. - A6

Wie groß ist x?

$$12x - 4 = 140$$

8. Dreisatz oder Verhältnisgleichung

Der Dreisatz kann in vielen Bereichen des alltäglichen Lebens angewendet werden. Mit ihm kann man von einem bekannten Verhältnis auf ein neues Verhältnis schließen. Daher auch der Name Verhältnisgleichung.

Der Dreisatz wird nicht nur in der Kälte-, Klima-, Heizungs-, Elektrotechnik, sondern auch in Konstruktionsberufen, im Friseur-, Metzger-, Bäckerhandwerk usw. angewendet.

Die Berechnungen können sich auf Kosten, Massen, Anzahl, Verbrauch, Zeit und noch vieles mehr erstrecken. Der Dreisatz enthält 3 bekannte Angaben.

Wie der Name sagt, wird mit einem Dreisatz in 3 Sätzen

- von einem Verhältnis ausgegangen (1. Satz)
- auf eine Einheit zurück gerechnet (2. Satz)
- auf die gewünschte Größe gerechnet (3. Satz).

Der Name Verhältnisgleichung kommt durch die Berechnung eines neuen Verhältnisses ausgehend von einem bekannten Verhältnis zustande.

Die Unterscheidung, ob es sich um einen **proportionalen** oder **antiproportionalen** Dreisatz handelt, ist für die weitere Berechnung sehr wichtig.

Proportionaler Dreisatz

Proportionaler Dreisatz heißt, dass sich eine bestimmte Größe in Abhängigkeit einer anderen Größe verhältnisgleich ändert. „Je mehr Benzin, desto weiter kann ich fahren".

Proportional:
Je **mehr** desto **mehr** oder je **weniger** desto **weniger**.

Antiproportionaler Dreisatz

Antiproportionaler Dreisatz heißt, dass sich eine bestimmte Größe in Abhängigkeit einer anderen Größe umgekehrt ändert.
„Je mehr Arbeiter, desto kürzer ist die Arbeitszeit für jeden einzelnen", vorausgesetzt, das Arbeitspensum bleibt gleich.

Antiproportional:
Je **mehr**, desto **weniger** oder je **weniger** desto **mehr**

Den proportionalen und antiproportionalen Dreisatz kann man auf unterschiedliche Arten berechnen.

Zur Berechnung gehören immer Einheiten und ein Antwortsatz.

Egal, ob man den Lösungsweg mit der Tabellenform oder der Verhältnisgleichung wählt: man muss den Berechnungsweg wählen, der einem besser liegt. Wichtig ist, zu einem korrekten Ergebnis zu gelangen.

Bei der Verhältnisgleichung sollte man Formelumstellung beherrschen.

Beispiel 1 – Proportionaler Dreisatz:

Der Benzinverbrauch eines Autos beträgt auf einer Reise für 200 km 12 Liter. Wie hoch ist der Benzinverbrauch für 350 km?

Entscheidung: Es handelt sich um einen proportionalen Dreisatz, weil **je weiter** ich fahren möchte, **desto mehr** Benzin benötige ich.

Lösung in Tabellenform:

Gegeben: $l_1 = 200$ km; $l_2 = 350$ km; $V_1 = 12$ l

Gesucht: V_2

Bei einem **proportionalen** Dreisatz ändern sich die Größen links und rechts je Satz gleichermaßen.

Den Wert (x), den man sucht, schreibt man rechts unten in die Tabelle.

		km	l	
1. Satz	: 200	200	12	: 200
2. Satz	· 350	1	0,06	· 350
3. Satz		350	**x** = 0,06 · 350 = **21**	

Lösung mit der Verhältnisgleichung:

$$\frac{l_1}{l_2} = \frac{V_1}{V_2} \quad \Big| \cdot V_2$$

$$\frac{l_1}{l_2} \cdot V_2 = V_1 \quad \Big| \cdot l_2$$

$$l_1 \cdot V_2 = V_1 \cdot l_2 \quad \Big| : l_1$$

$$V_2 = \frac{V_1 \cdot l_2}{l_1} = \frac{12\,\text{l} \cdot 350\,\text{km}}{200\,\text{km}} = \textbf{21 Liter}$$

Formelzeichen:
l_1, l_2 = Länge 1, Länge 2
V_1, V_2 = Volumen 1, Volumen 2

Antwortsatz: Für 350 km verbraucht der Fahrer 21 Liter.

8. Dreisatz oder Verhältnisgleichung

Bei einem **antiproportionalen** Dreisatz ändern sich die Größen links und rechts je Satz umgekehrt zueinander.

Beispiel 2 – Antiproportionaler Dreisatz:

7 Arbeiter benötigen für ein Bauvorhaben 27 Tage. Da das Bauvorhaben rechtzeitig fertiggestellt werden muss, sendet der Vorgesetzte 10 Arbeiter auf die Baustelle. In welcher Zeit sind sie fertig?

Entscheidung: Es handelt sich um einen antiproportionalen Dreisatz, weil je mehr Arbeiter, desto weniger Zeit.

Lösung in Tabellenform:
Den Wert, den man sucht, schreibt man rechts unten in die Tabelle.

		A	d	
1. Satz	:7	7	27	·7
2. Satz	·10	1	7·27	:10
3. Satz		10	$x = \frac{7 \cdot 27}{10} = 18{,}9$	

Lösung mit der Verhältnisgleichung:

$$\frac{A_1}{A_2} = \frac{t_2}{t_1} \quad | \cdot t_1$$

$$\frac{A_1}{A_2} \cdot t_1 = t_2$$

$$t_2 = \frac{7\,A \cdot 27\,d}{10\,A} = 18{,}9\,d$$

Formelzeichen:
A_1, A_2 = Arbeiteranzahl 1, Arbeiteranzahl 2
t_1, t_2 = Zeit 1, Zeit 2

Antwortsatz: Mit 10 Arbeitern benötigt die Firma für das Bauvorhaben nur 18,9 Tage.

Eine weitere Variante des Dreisatzes ist der zusammengesetzte Dreisatz. Hier wird von mehr als 3 Größen ausgegangen.

Beispiel 3 – Zusammengesetzter Dreisatz:

8 Arbeiter bauen 7 Fenster in 14 Stunden ein. Wie lange benötigen 6 Arbeiter für 9 Fenster?

Hier nutzt man das Tabellenschema.
Proportionaler und antiproportionaler Dreisatz sind bekannt.

Schüler und Azubis rechnen den zusammengesetzten Dreisatz gerne als zwei einzelne Dreisätze, die anschließend zusammengesetzt werden.

Lösung: Wert 8 A auf 6 A bringen, dann Wert 7 F auf 9 F bringen.

	A		F	h		
:8	8		7	14	·8	antiproportional
·6	1		7	$14 \cdot 8 = 112$	:6	
	6	:7	7	$\frac{14\,h \cdot 8\,A}{6\,A} = 18{,}67$	:7	
	6	·9	1	$\frac{14\,h \cdot 8\,A}{6\,A \cdot 7\,F} = 2{,}67$	·9	proportional
	6		9	$x = \frac{14\,h \cdot 8\,A \cdot 9\,F}{6\,A \cdot 7\,F} = 24$		

Antwortsatz: Für den Einbau von 9 Fenstern brauchen 6 Arbeiter 24 Stunden.

Übungsaufgaben:

8. - A1

35 Sechskantschrauben kosten 40,95 Euro.

Wieviel Geld bezahlt man für 25 Sechskantschrauben?

8. - A2

Ein Becken wird mit 7 Pumpen in 14 Stunden befüllt.

Wie lange dauert die Befüllung, wenn 2 zusätzliche Pumpen zur Verfügung gestellt werden?

8. - A3

4 Arbeiter erhalten für 7 Tage Arbeit 2.352 Euro Lohn.

Wie viel Lohn erhalten 3 Arbeiter für 5 Tage Arbeit?

Mögliche Fehlerquellen:
Man erkennt die Verhältnismäßigkeiten nicht korrekt, d.h. man verwechselt proportionalen mit antiproportionalem Dreisatz und kommt dadurch zu völlig falschen Dimensionen. Daher muss man sich immer vor einer Aufgabe die Zusammenhänge verdeutlichen.

9. Prozentrechnung

Egal ob in kaufmännischen oder technischen Berufen – Prozentrechnung wird in vielen Bereichen des Lebens benötigt. Wie beim Bruchrechnen kann man auch beim Prozentrechnen mit Teilen eines Ganzen rechnen, allerdings beträgt „ein Ganzes" hier nicht 1 sondern 100 %.

Prozent: Lateinisch percent; italienisch per cento heißt ins Deutsche übersetzt „von Hundert".

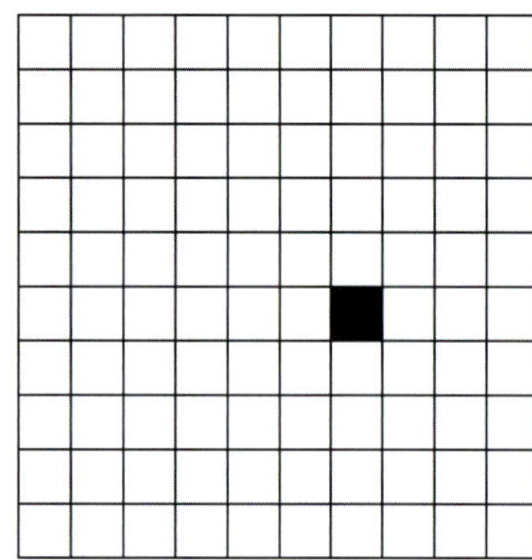

■ = 1 von 100 = 1 %

Der Grundwert beträgt **immer** 100 %.

1 % vom Grundwert ist immer der hundertste Teil, also $\frac{1}{100}$.

2 % vom Grundwert sind 2 von 100, $\frac{2}{100} = \frac{1}{50}$.

Es ist wichtig, den Grundwert zu wissen bzw. zu ermitteln.

Da man die Formel für Prozentrechnen immer wieder im Leben benötigt, ist es günstig, diese auswendig zu lernen.

$$W = \frac{G \cdot p}{100\,\%} = G \cdot f$$

Für $\frac{p}{100\,\%}$ kann auch ein Faktor f eingesetzt werden, z.B.

$p = 15\,\%$, d.h. $\frac{15\,\%}{100\,\%} = 0{,}15 = f\,[-]$

Formelzeichen:
W = der Prozentwert
G = das Gesamte, der Grundwert
p = der Prozentsatz [%]
f = Faktor, Funktionswert, der keine Einheit hat [-]

Anstelle der Formel für Prozentrechnen kann man natürlich auch über den Dreisatz zum richtigen Ergebnis kommen. Der Weg der Berechnung ist freigestellt, wichtig ist, korrekt zu rechnen.

Wenn etwas um einen bestimmten **Prozentsatz erhöht** wird, beträgt der Faktor für die Multiplikation **1,...**

Beispiel:

Erhöhung des Grundwertes, z.B. 1000 um 5 %.

$5\,\% = \frac{5}{100} = 0{,}05$

1 + 0,05 = Faktor 1,05 (Erhöhung um einen Prozentsatz)

1000 · 1,05 = **1050**

Eine andere Variante ist, den Grundwert z.B. 1000 mit dem Faktor f, hier z.B. 0,05 zu multiplizieren (→1000 · 0,05 = 50). Dieses Ergebnis wird zum Grundwert addiert (1000 + 50 = **1050**).

Das Ergebnis ist gleich, der Berechnungsweg kann nach Neigung beliebig gewählt werden.

Wenn etwas um einen bestimmten Prozentsatz **gesenkt** wird, ist der Faktor für die Multiplikation **0,...**

Beispiel:

Senkung des Grundwertes, z.B. 1000 um 5 %.

$5\,\% = \frac{5}{100} = 0{,}05$

1 - 0,05 = Faktor 0,95 (Senkung um einen Prozentsatz)

1000 · 0,95 = **950**

Die zweite Berechnungsvariante ist, den Grundwert z.B. 1000 mit dem Faktor f, hier z.B. 0,05 zu multiplizieren (→1000 · 0 05 = 50). Dieses Ergebnis wird vom Grundwert abgezogen (1000 - 50 = **950**).

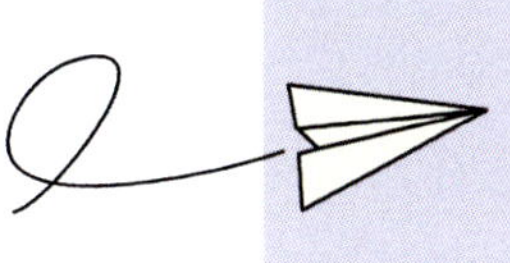

Wenn man Kosten berechnet, benötigt man maximal 2 Stellen nach dem Komma nicht 3. Haben Sie schon einmal 3,275 € bezahlt?

9. Prozentrechnung

Übungsaufgaben:

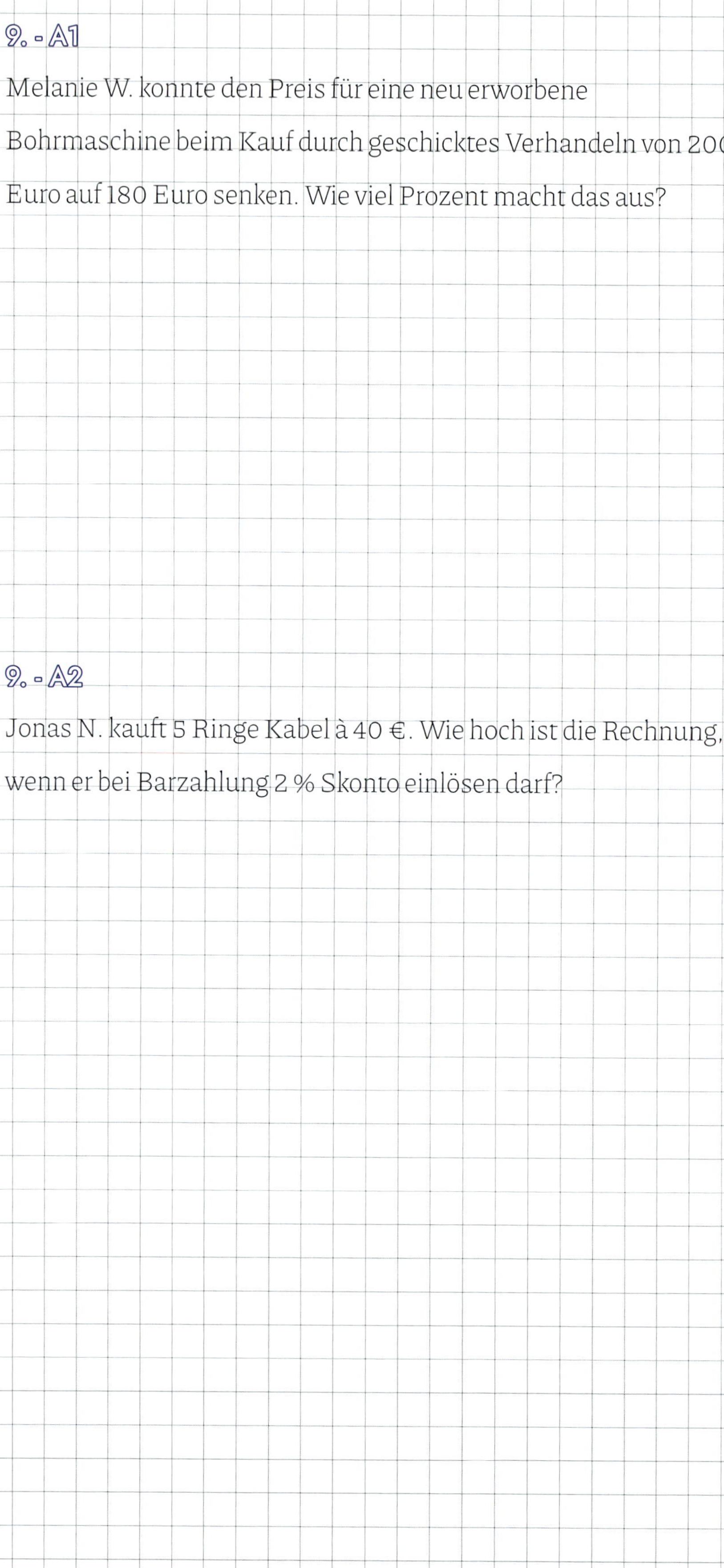

9. - A1

Melanie W. konnte den Preis für eine neu erworbene Bohrmaschine beim Kauf durch geschicktes Verhandeln von 200 Euro auf 180 Euro senken. Wie viel Prozent macht das aus?

9. - A2

Jonas N. kauft 5 Ringe Kabel à 40 €. Wie hoch ist die Rechnung, wenn er bei Barzahlung 2 % Skonto einlösen darf?

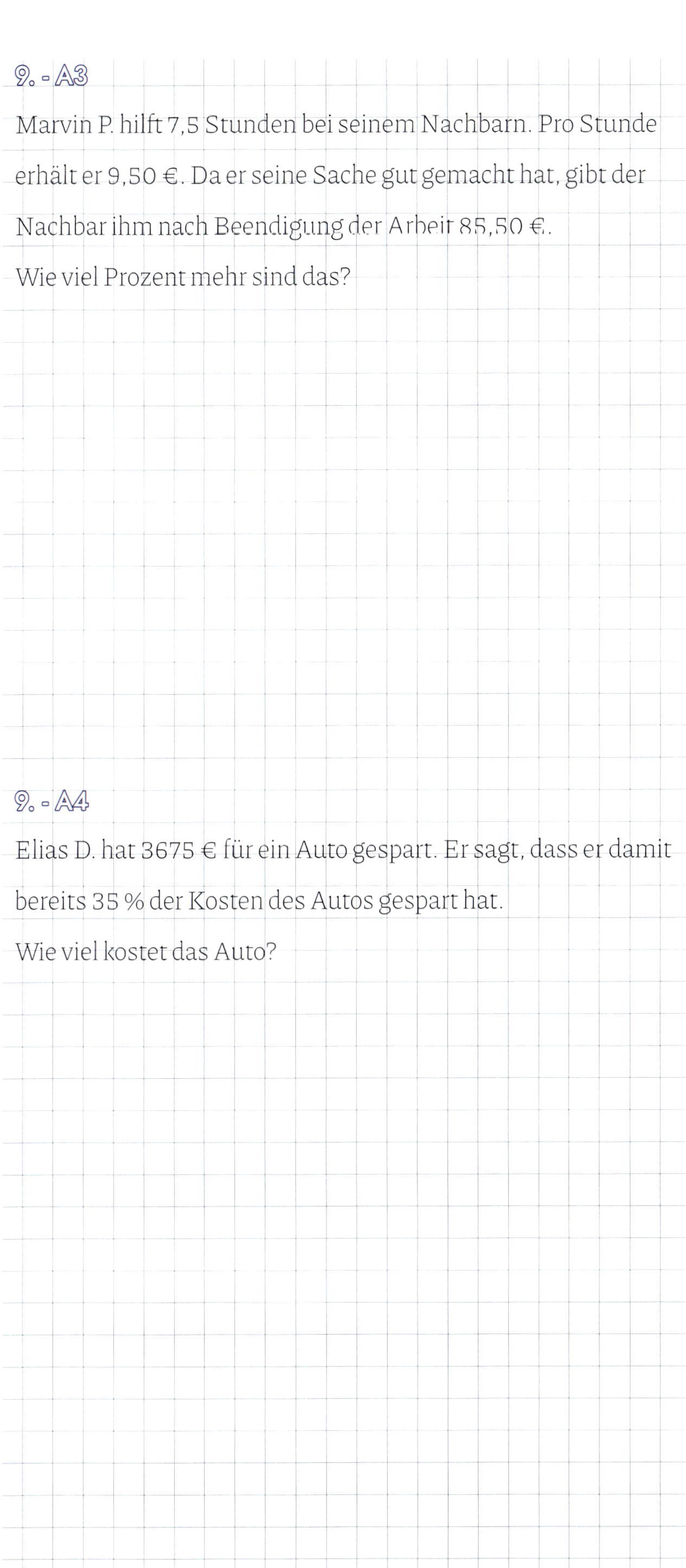

9. - A3

Marvin P. hilft 7,5 Stunden bei seinem Nachbarn. Pro Stunde erhält er 9,50 €. Da er seine Sache gut gemacht hat, gibt der Nachbar ihm nach Beendigung der Arbeit 85,50 €.
Wie viel Prozent mehr sind das?

9. - A4

Elias D. hat 3675 € für ein Auto gespart. Er sagt, dass er damit bereits 35 % der Kosten des Autos gespart hat.
Wie viel kostet das Auto?

10. Umrechnen von Einheiten

Zur Angabe einer Zahl gehört in der Technik für das richtige Verständnis immer eine Einheit.

Tipp: Ergebnis = Zahlenwert x Einheit:

Je größer die Einheit wird, umso kleiner wird die zugehörige Zahl, je kleiner die Einheit wird, umso größer wird die zugehörige Zahl.

Umrechnungsfaktor 10!

Je schmaler die Pyramide, desto kleiner der Zahlenwert und die Einheit desto größer

1 Stufe nach unten = Multiplikation (·)

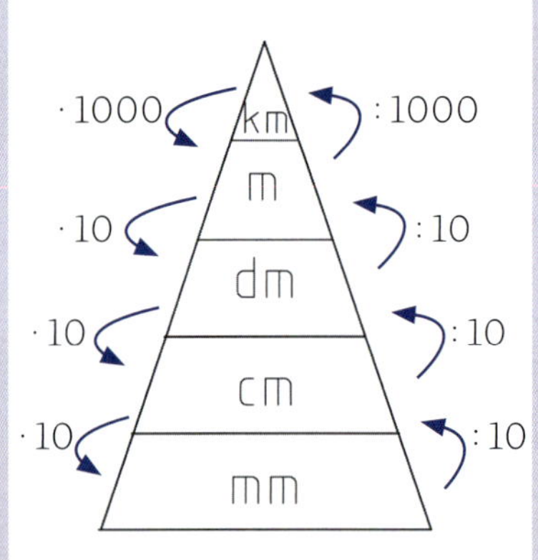

1 Stufe nach oben = Division (:)

Je breiter die Pyramide, desto größer der Zahlenwert und die Einheit desto kleiner.

Ganz wichtig ist die Unterscheidung zwischen der Umrechnung von Längen, Flächen und Volumen.

Länge

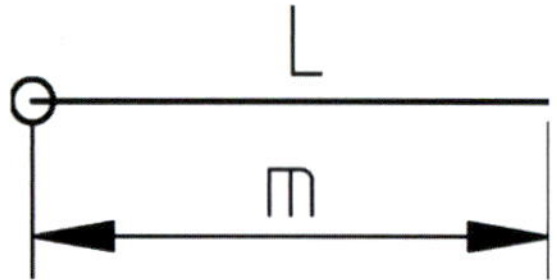

- bei einer Länge handelt es sich um eine eindimensionale Größe
- die Einheit ist Meter [m]
- Länge: m^1, daher Umrechnungsfaktor 10 (nur eine Null am Ende!)
- eine Umrechnung in die nächst kleinere bzw. nächst größere Längeneinheit erfolgt durch Verschiebung des Kommas um eine Ziffer nach rechts bzw. links. Die dazugehörigen Einheiten ändern sich bei Umrechnung entsprechend durch Einsatz eines Vorsatzzeichens. Siehe Kapitel Einheitenvorsätze

Das Urmeter liegt in Paris im Bureau International des Poids et Measures (Internationales Büro für Gewichte und Maße).

Umrechnung in die nächst kleinere Längeneinheit

Multiplikation des Zahlenwertes mit 10,
d.h. Verschiebung des Kommas um 1 Stelle nach rechts.

1 m = 10 dm = 100 cm = 1000 mm

Umrechnung in die nächst größere Längeneinheit

Division des Zahlenwertes durch 10,
d.h. Verschiebung des Kommas um 1 Stelle nach links.

1 mm = 0,1 cm = 0,01 dm = 0,001 m

Eine weitere Längeneinheit ist 1 Zoll ["] = 25,4 mm.

Fläche und Volumen

Die Umrechnung von Flächen- und Volumeneinheiten wird in den Kapiteln Flächenberechnung bzw. Volumenberechnung behandelt.

Um Fehler zu vermeiden sollte man als erstes in einer Aufgabe, in der unterschiedliche Einheiten angegeben sind, alle Größen so umrechnen, dass alle Größen in einer einheitlichen Dimension vorliegen.

Winkel

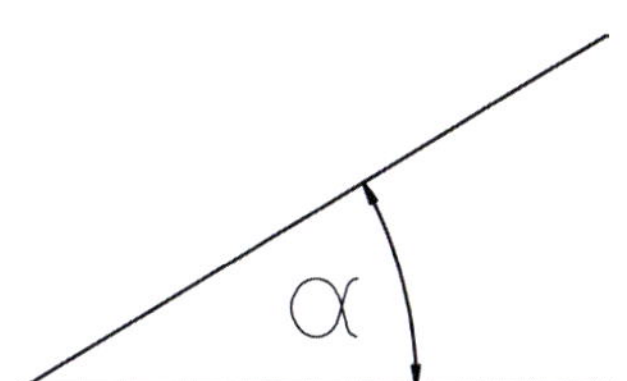

Winkel werden in Grad [°] angegeben.

Man misst die Größe mit dem Geodreieck ab.

Oft ist der Winkel nicht genau in vollem Gradmaß gegeben z.B. 73°, sondern kleiner oder größer, z.B. 73,2°. Möchte man den Winkel in ganzen Zahlen ausdrücken, muss man die Kommastellen in Minuten oder Sekunden umrechnen. Die Unterteilung ist folgendermaßen:

1° = 60 Minuten [´] = 3600 Sekunden [“]

1´ = 60 Sekunden [“]

73,2° → 73° 0,2° · 60' = 12' → 73° 12'

Umgekehrt 44°54‘ → $\frac{54'°}{60'}$ = 0,9° → 44,9°

Auch bei Winkeleinheiten kann man mit allen vier mathematischen Grundfunktionen operieren. Dies erfolgt in schriftlicher Form:

Addition:

  27° 58‘ 25“
+ 43° 27‘ 34“
―――――――――
  70° 85‘ 59“
  71° 25‘ 59“
―――――――――

85´ = 1°+25´

Multiplikation:

34° 28‘ 35“ · 2
―――――――――
68° 56‘ 70“
68° 57‘ 10“
―――――――――

70´´ = 1´+ 10´´

Umrechnung, geht nur bis 60!

10. Umrechnen von Einheiten

Umrechnungsfaktor 60!

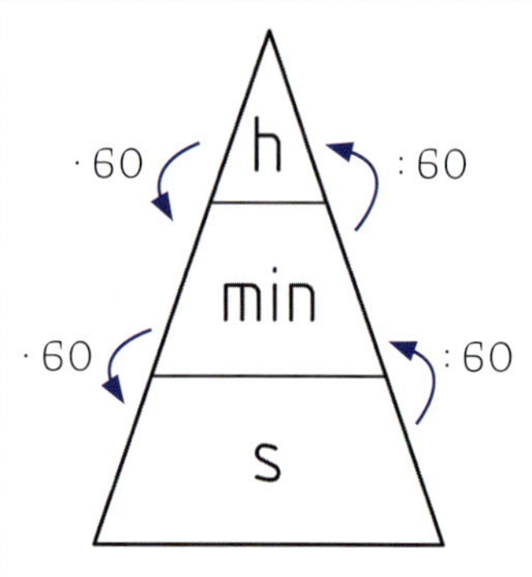

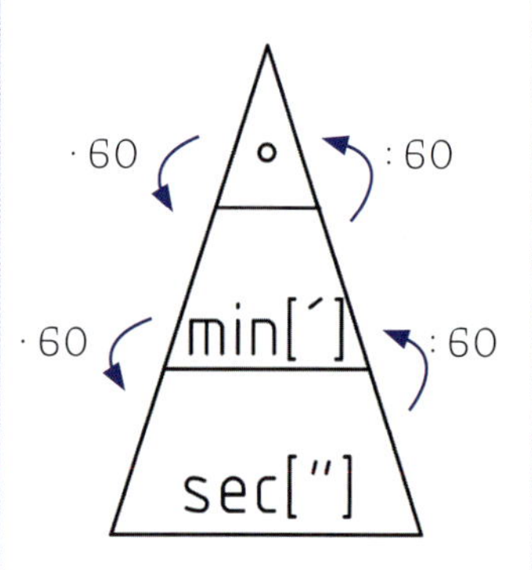

Je schmaler die Pyramide, desto kleiner der Zahlenwert und die Einheit desto größer

1 Stufe nach unten = Multiplikation (·)

1 Stufe nach oben = Division (:)

Je breiter die Pyramide, desto größer der Zahlenwert und die Einheit desto kleiner.

Zeit

Die Umrechnung von Zeiteinheiten erfolgt ebenso wie bei Winkelangaben mit der Umrechnungszahl 60.

1 Stunde [h] = 60 Minuten [min] = 3600 Sekunden [s]

1 Minute [min] = 60 Sekunden [s]

1 Tag [d] = 24 Stunden [h]

1 Woche = 7 Tage [d]
für Woche gibt es keine verkürzte Schreibweise

1 Monat [m] = 28 – 31 Tage [d]

1 Jahr [a] = 365 Tage [d]
ggf. 366 Tage (wenn Schaltjahr)

h steht für lat. hora (Stunde)
d für lat. dies (Tag)
m für lat. mensis (Monat)
a steht für lat. annus bzw. anno Domini (Jahr).

Es ist auch bei den Einheiten möglich, Vorsätze zu bilden. Millisekunde [ms] z.B. ist durchaus eine gebräuliche Einheit in der Elektrotechnik.

Mögliche Fehlerquellen:

- ➡ Falsche Umrechnungszahl bzw. falsche Kommastellenverschiebung
- ➡ Die Einheit dm bzw. dm^2 bzw. dm^3 wird gerne 'schlecht behandelt' und vergessen, d.h. die Umrechnung von m in cm wird fälschlicherweise nur mit einer Stelle berücksichtigt.
- ➡ Die Umrechnungszahl bei Winkeln ist 60 nicht 100.

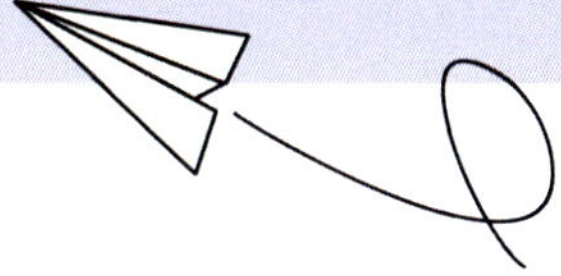

Übungsaufgaben:

10. - A1

Berechnen Sie das Ergebnis in cm: 1 m – 7 cm + 8 mm + 56 dm

10. - A2

Addieren Sie: 47° 35‘ 46“ + 13° 2‘ 31“

10. - A3

Subtrahieren Sie: 25° 14‘ 27“ – 2° 7‘ 28“

10. - A4

Stellen Sie 29,72° in Grad, Minuten und Sekunden dar.

11. Flächenberechnung

Flächenberechnung ist die Ermittlung der zweidimensionalen Größe eines Gegenstandes. Diese Berechnungen werden im Maschinenbau für Größenermittlung von Konstruktionen, Verschnitt, Blechgrößen, Druckermittlung, aber auch für die Flächenermittlung für Heiz- und Kühllastberechnung oder Verlegeflächen benötigt.

Die Einheit ist m^2.

Wichtige Zahl bei der Flächenberechnung ist die 2

2 Längen = Einheit hoch 2 (z.B. cm^2)

2 Stellen nach links, wenn die Einheit größer wird,

2 Stellen nach rechts, wenn die Einheit kleiner wird.

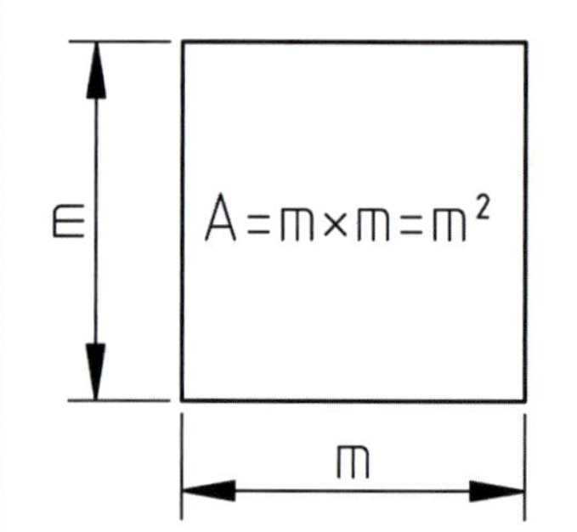

Fläche: m^2, von daher Umrechnungsfaktor 100 (2 Nullen am Ende!)

Abhängig von der Form des Gegenstandes werden unterschiedliche Formeln zur Flächenermittlung angewendet, die Tabellenbüchern entnommen werden können.

Schwieriger wird es bei zusammengesetzten Flächen. Hier ist es sehr wichtig, den Gegenstand in sinnvolle Einzelflächen zu unterteilen. Zur besseren Vorstellung kann man sich die Aufteilung in Einzelflächen aufskizzieren.

A = Fläche [mm^2, cm^2, dm^2, m^2]

Man geht wie folgt vor:

Schritt 1: Zeichnung in verschiedene, sinnvolle Flächen unterteilen

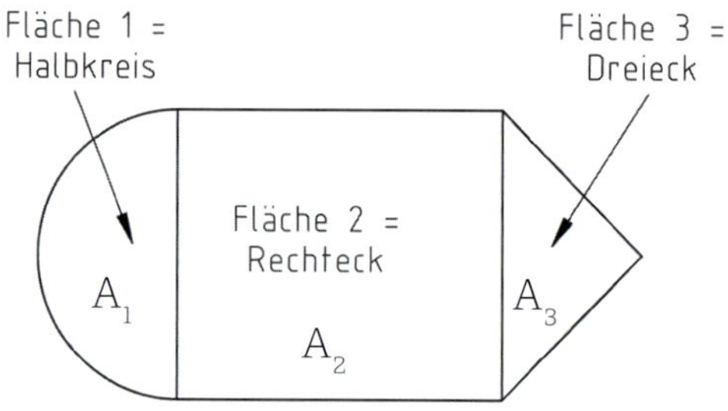

Schritt 2: Jede Fläche einzeln berechnen

$$A_1 = \frac{d^2 \cdot \pi}{4} : 2 \qquad A_2 = a \cdot b \qquad A_3 = \frac{g \cdot h}{2}$$

Schritt 3: Gesamtfläche berechnen durch Addition der Einzelflächen

$$A_{ges} = A_1 + A_2 + A_3$$

Flächen werden zweidimensional berechnet (Länge, Breite). Die Flächenberechnung erfolgt über die Multiplikation von 2 Einzellängen. D.h. die Ergebniseinheit ist quadratisch. Eine Umrechnung in die nächstkleinere bzw. nächstgrößere Flächeneinheit erfolgt durch Verschiebung des Kommas um 2 Stellen nach rechts oder links.

Umrechnung in die nächst kleinere Flächeneinheit:

Multiplikation des Zahlenwertes mit 100, d.h. Verschiebung des Kommas um 2 Stellen nach rechts.

$1\,km^2 = 100\,ha = 10000\,a = 1000000\,m^2$

$1\,m^2 = 100\,dm^2 = 10000\,cm^2 = 1000000\,mm^2$

Umrechnung in die nächst größere Flächeneinheit:

Division des Zahlenwertes durch 100, d.h. Verschiebung des Kommas um 2 Stellen nach links.

$1\,mm^2 = 0{,}01\,cm^2 = 0{,}0001\,dm^2 = 0{,}000001\,m^2$

$1\,m^2 = 0{,}01\,a = 0{,}0001\,ha = 0{,}000001\,km^2$

Grundfläche – Werkstückfläche – Verschnitt

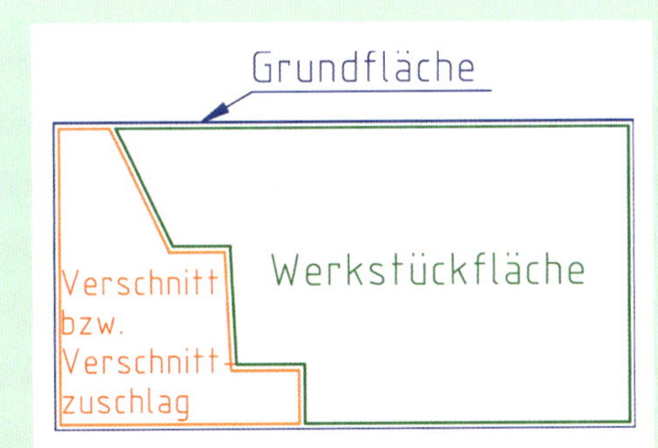

Grundfläche = Werkstückfläche + Verschnitt(zuschlag)
Werkstückfläche = Grundfläche - Verschnitt

Grundfläche [m²] = Ausgangsfläche, z.B. Ursprungsblech vor dem Zuschnitt

Werkstückfläche [m²] = benötigte Fläche für das Werkstück

Verschnitt [m²] oder [%] = Anteil des Abfalls in m² oder % von der Grundfläche, der bei der Fertigung eines Werkstückes entsteht.

Verschnittzuschlag [%] = Anteil des Abfalls an der Werkstückfläche in %, den man zur Werkstückfläche dazu rechnen muss, um genügend Grundfläche zur Verfügung zu haben. Die Werkstückfläche entspricht 100%.

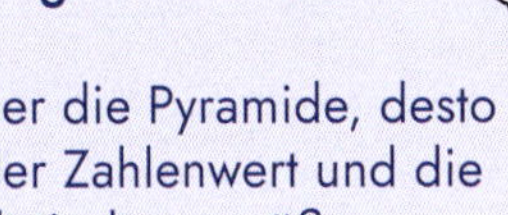

Umrechnungsfaktor 100!

Je schmaler die Pyramide, desto kleiner der Zahlenwert und die Einheit desto größer

1 Stufe nach unten = Multiplikation (·) 100

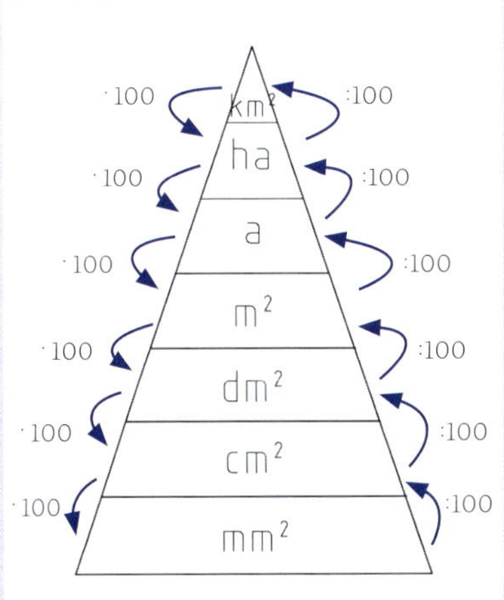

1 Stufe nach oben = Division (:) 100

Je breiter die Pyramide, desto größer der Zahlenwert und die Einheit desto kleiner.

Zur Berechnung von Verschnitt bzw. Verschnittzuschlag siehe auch Kapitel Prozentrechnen.

11. Flächenberechnung

Übungsaufgaben:

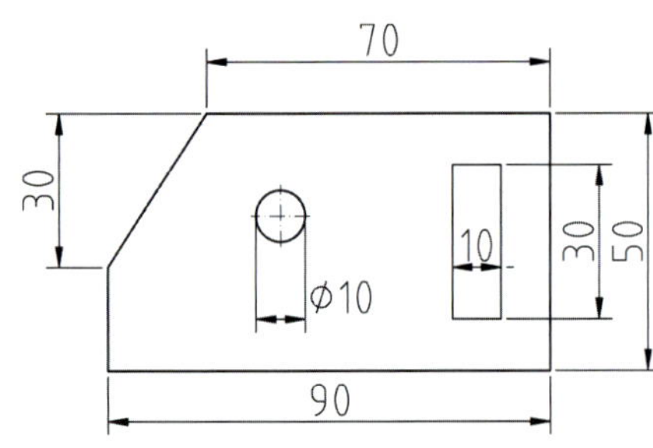

11. - A1

Berechnen Sie den Flächeninhalt des Werkstückes in cm^2 und dm^2. Teilen Sie in sinnvolle Einzelflächen auf.

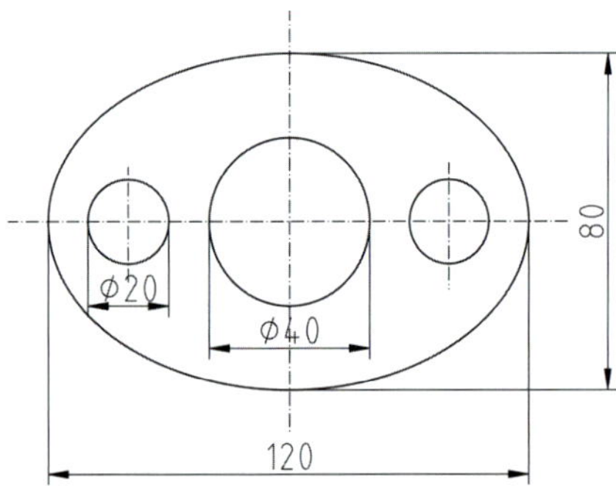

11. - A2

Berechnen Sie den Flächeninhalt des Werkstückes in cm^2.

Wie groß ist der Blechbedarf, wenn der Verschnitt 27 % beträgt?

11. - A3

Wie viel cm^2 Blech benötigen Sie bei einem Verschnittzuschlag von 25 %?

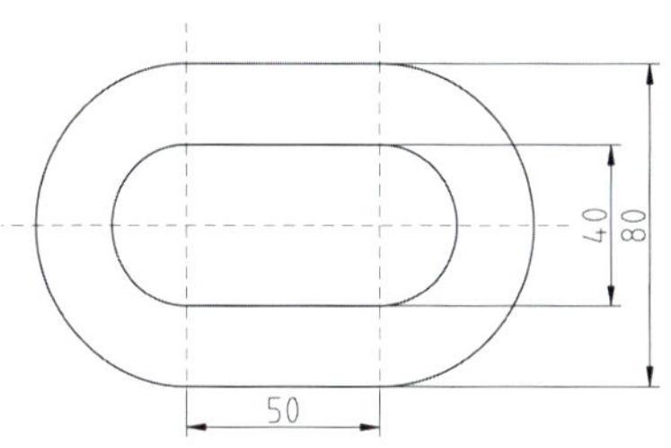

11. - A4

Berechnen Sie den Flächeninhalt in dm^2.

$145{,}5\ dm^2 + 12445\ cm^2 - 12424\ mm^2 + 0{,}7535\ m^2$.

11. - A5

Berechnen Sie das Ergebnis in cm^2.

$250\ mm^2 + 3cm^2 + 0{,}25\ dm^2$

Mögliche Fehlerquellen:

- die Einheiten werden nicht aneinander angepasst, so dass nicht alle Zahlen die gleiche Einheit haben. Somit erfolgt die Berechnung mit unterschiedlichen Einheiten, was zu Fehlern der Größenordnung ... 10^{-4}, 10^{-2}, 10^2, 10^4 ...in der Berechnung führen kann
- man bildet falsche Einzelflächen oder schwierig zu berechnende Einzelflächen
- oft wird bei Umrechnungen die Einheit dm^2 vergessen
- man vergisst, dass die Umrechnung in die nächste Einheit 2 Stellen beinhaltet

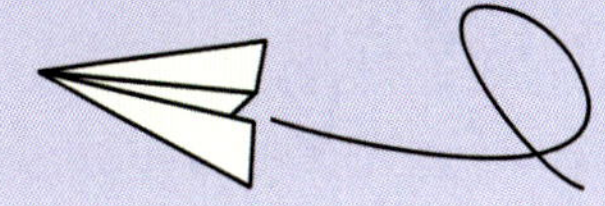

12. Volumenberechnung

Volumenberechnung ist die Ermittlung der dreidimensionalen Größe eines Gegenstandes. Diese Berechnungen werden benötigt für die Volumenermittlung von festen Körpern, Füllungen, strömende Flüssigkeiten, Vorberechnung zur Massenermittlung. Die Einheit ist m³.

Man kann sich alles besser vorstellen, wenn man sich die Aufteilung aufskizziert. Siehe auch Kapitel Flächenberechnung.

Abhängig von der Form des Gegenstandes werden unterschiedliche Formeln zur Ermittlung des Volumens angewendet, die Tabellenbüchern entnommen werden können.

Behält ein Körper seine Form durchgehend bei, ist es sinnvoll, die Grundfläche zu berechnen und dann mit der Höhe des Körpers zu multiplizieren.

Schwieriger wird es bei zusammengesetzten Volumina. Auch hier ist es, wie bei der Flächenberechnung, sehr wichtig, den Gegenstand in Einzelvolumina zu unterteilen.

Wichtige Zahl bei der Volumenberechnung ist die 3

3 Längen = Einheit hoch 3 (z.B. cm^3)

3 Stellen nach links, wenn die Einheit größer wird

3 Stellen nach rechts, wenn die Einheit kleiner wird.

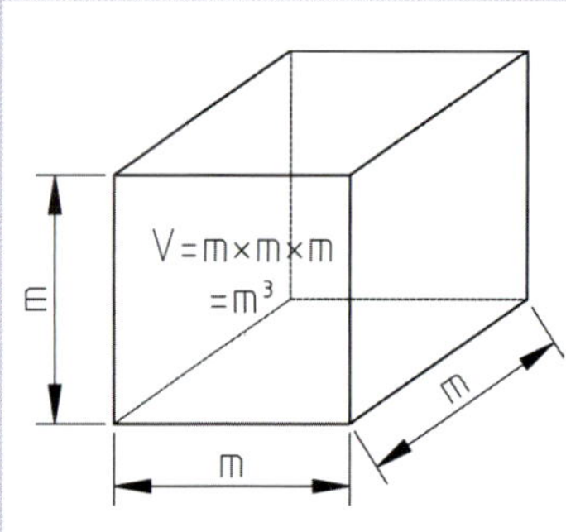

Volumina: m^3, von daher Umrechnungsfaktor 1000 (3 Nullen am Ende!)

Formelzeichen:
V = Volumen [mm^3, cm^3, dm^3, m^3]

Volumina sind dreidimensionale Körper (Länge, Breite, Höhe). Eine Volumenberechnung erfolgt somit über die Multiplikation von 3 Längen.

Die Ergebniseinheit ist kubisch (=würfelförmig) = hoch 3.

Eine Umrechnung in die nächstkleinere bzw. nächstgrößere Volumeneinheit erfolgt durch Verschiebung des Kommas um drei Stellen nach rechts oder links.

Umrechnung in die nächst kleinere Volumeneinheit:

Multiplikation des Zahlenwertes mit 1000, d.h. Verschiebung des Kommas um 3 Stellen nach rechts. Je kleiner die Einheit wird, umso größer wird der Zahlenwert und umgekehrt.

$1\,m^3 = 1000\,dm^3 = 1\,000000\,cm^3 = 1000000000\,mm^3$

Umrechnung in die nächst größere Volumeneinheit:

Division des Zahlenwertes durch 1000, d.h. Verschiebung des Kommas um 3 Stellen nach links.

$1\,mm^3 = 0{,}001\,cm^3 = 0{,}000001\,dm^3 = 0{,}000000001\,m^3$

! Wichtig: 1 l = 1 dm^3!

Übrigens: Das Volumen eines Mediums (Luft, Wasser, Kältemittel etc.), das in einer bestimmten Zeit durch einen Querschnitt fließt, bezeichnet man als Volumenstrom.

Volumenstrom

$$\dot{V} = \frac{V}{t}$$

Formelzeichen:
$\dot{V}$ = Volumenstrom [$\frac{m^3}{h}$; $\frac{m^3}{s}$]
V = Volumen [m^3]
T = Zeit [h; min; s]

Die Umrechnung von $\frac{m^3}{h}$ in $\frac{m^3}{s}$ erfolgt folgendermaßen:

$$\frac{m^3}{h} \cdot \frac{h}{3600\,s} = \frac{m^3}{s}$$

Umrechnung von $\frac{m^3}{s}$ in $\frac{m^3}{h}$ erfolgt folgendermaßen:

$$\frac{m^3}{s} \cdot \frac{3600\,s}{h} = \frac{m^3}{h}$$

Umrechnungsfaktor 1000!

Je schmaler die Pyramide, desto kleiner der Zahlenwert und die Einheit desto größer

1 Stufe nach unten = Multiplikation (·) 1000

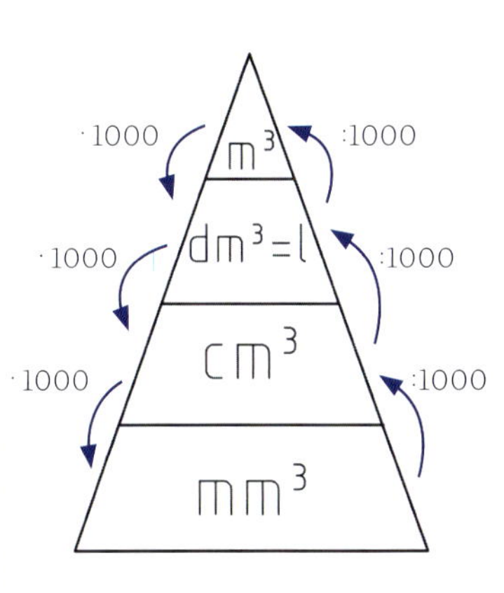

1 Stufe nach oben = Division (:) 1000

Je breiter die Pyramide, desto größer der Zahlenwert und die Einheit desto kleiner.

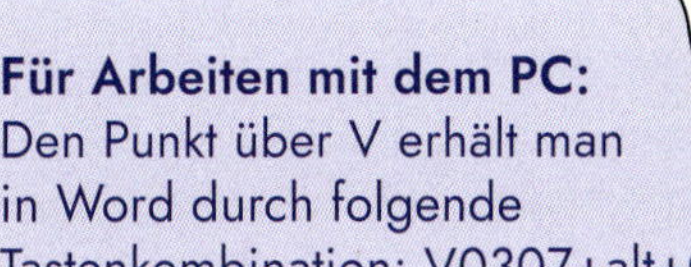

Für Arbeiten mit dem PC:
Den Punkt über V erhält man in Word durch folgende Tastenkombination: V0307+alt+C

12. Volumenberechnung

Übungsaufgaben:

12. - A1

Berechnen Sie in l:

$3{,}85\ dm^3 + 0{,}00564\ m^3 - 2371\ cm^3 + 16975\ mm^3$

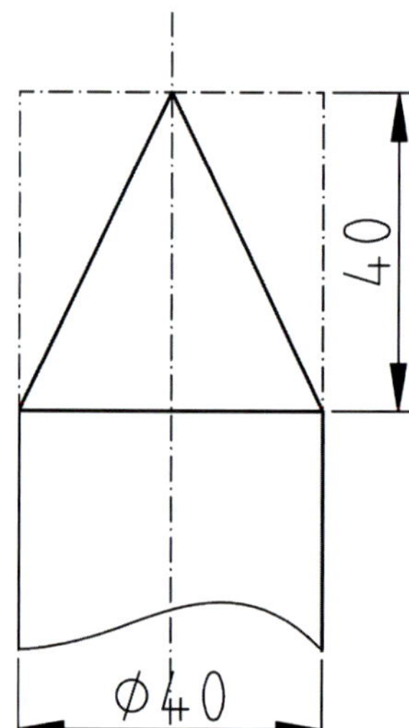

12. - A2

Berechnen Sie das Volumen der Spitze in cm^3.

Wie groß war das Volumen ursprünglich als Zylinder, bevor er abgeschliffen wurde?

12. - A3

Berechnen Sie das Volumen des Werkstückes in cm^3.

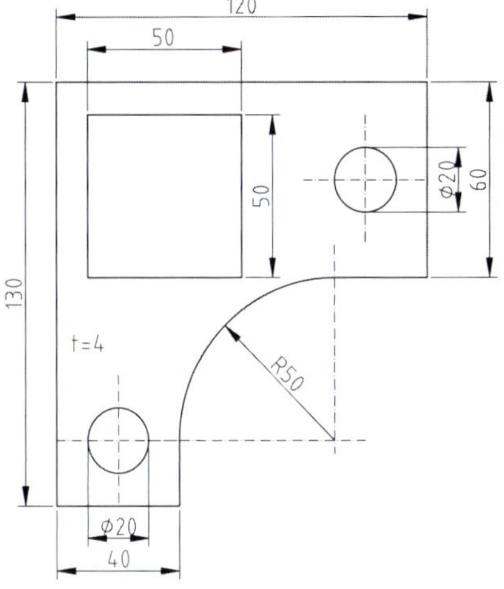

12. - A4

Berechnen Sie das Ergebnis in l.

$0{,}25\ m^3 - 200\ dm^3 + 100000\ cm^3$

Mögliche Fehlerquellen:

- Die Einheiten werden für Berechnungen nicht aneinander angepasst, so dass nicht alle Einheiten gleich sind. Dadurch erfolgt die Berechnung mit unterschiedlichen Einheiten, was zu Fehlern der Größenordnung ... 10^{-6}, 10^{-3}, 10^{3} 10^{6} ...in der Berechnung führen kann.
- Man bildet vorab falsche Einzelvolumen oder schwierig zu berechnende Einzelvolumina.
- Oft wird bei Umrechnungen die Einheit dm^3 vergessen, man vergisst, dass die Umrechnung in die nächste Einheit 3 Stellen beinhaltet.
- Man gibt als Einheit z.B. cm^2 statt cm^3 an.

13. Das Bogenmaß

Das Bogenmaß findet Anwendung bei Berechnungen wie der Winkelgeschwindigkeit, in der Physik bei Kreisbahnen, die Länge eines Bogens bei Konstruktionen.

Ein Taschenrechner vereinfacht die Umrechnung von Winkeln, wenn man ihn anzuwenden weiß.

Wenn man von Winkeleinheiten spricht, ist überwiegend die Einheit [°] bekannt. Winkel kann man aber in Grad und im Bogenmaß angeben. Ein Winkel im Bogenmaß gibt die Länge oder Teillänge des Bogens eines Kreises an.

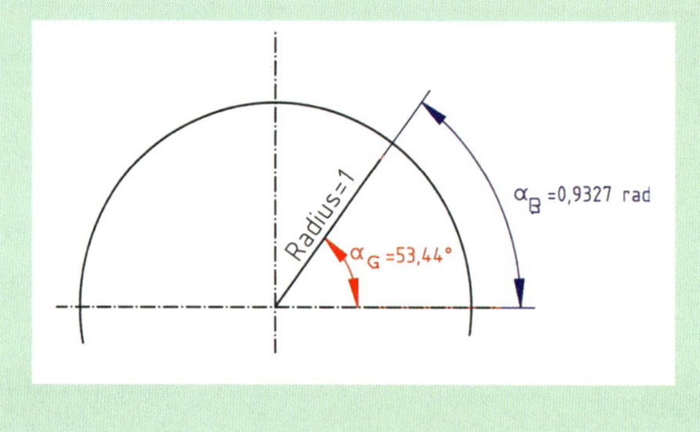

Die Abwicklung eines vollen Einheitskreises ergibt eine vollständige Sinusschwingung.

Dies ist interessant für die Wechselstromtechnik: Wechselstrom wechselt gleichmäßig seine positiven und negativen Schwingungen, die genau den Werten dieser Sinuskurve entsprechen.

Formelzeichen:
α_B = *Bogenmaß [rad]*
α_G = *Gradmaß [°]*

- ein Vollkreis hat 360 °
- ein Vollkreis (Einheitskreis mit dem Radius 1) hat im Umfang 2π.

Die **Umrechnung von Grad in das Bogenmaß** erfolgt über:

$$\alpha_B = \frac{\alpha_G \cdot 2\pi \text{ rad}}{360°} \quad [\text{rad}]$$

Beispiel: $\alpha_B = \frac{53{,}44° \cdot 2\pi \text{ rad}}{360°} = 0{,}9327 \text{ rad}$

Umgekehrt rechnet man einen **Winkel vom Bogenmaß in Grad** um durch die Formel:

$$\alpha_G = \frac{\alpha_B \cdot 360°}{2\pi \text{ rad}} \quad [°]$$

Beispiel: $\alpha_G = \frac{0{,}9327 \text{ rad} \cdot 360°}{2\pi \text{ rad}} = 53{,}44°$

Bei Berechnungen mit dem Taschenrechner müssen ggf. die Tasten RAD = Radiant (= engl. Bogenmaß) bzw. DRG = (degree = engl. Grad) für entsprechendes Umrechnen verwendet werden.

Bei der Taste **DRG** geht man von einem Vollwinkel, von 360 °, also einem vollen Kreis aus, die zugehörige Winkeleinheit ist [°].

Bei der Taste **RAD** hat ein Vollwinkel, also ein Kreis, 2π rad. Die zugehörige Winkeleinheit ist [rad].

GRD gibt einen Winkel in der Einheit Neugrad [gon] an. Neugrad werden z.B. im Straßenbau verwendet. Ein Vollwinkel, also Kreis, hat 400 gon.

Verwendung des Taschenrechners:

Wichtig ist die korrekte Verwendung des Taschenrechners, den man besitzt. Oft wurde nie erklärt, wie man von [°] auf [rad] umstellt und die Bedienungsanleitung ist verschwunden.

Will man den Taschenrechner **von [°] auf [rad] umstellen – und umgekehrt**, wählt man folgende Tasten: [SHIFT] [SETUP]

Nun wählt man Taste [2] für 2:Winkeleinheit.

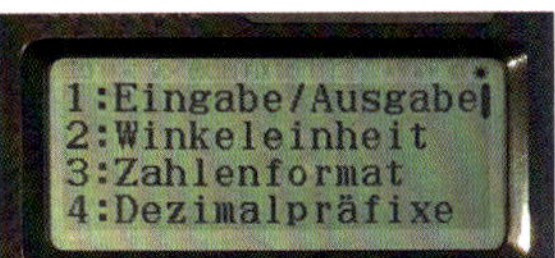

Man wählt [1] für Gradmaß (D) bzw. [2] für Bogenmaß (R).

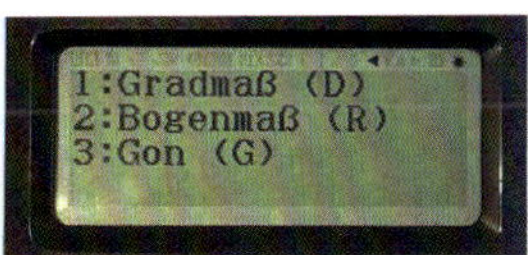

Dass die Umstellung funktioniert hat, erkennt man im Display des Taschenrechners. Je nach Einstellung ist ein D für [°] oder ein R für [rad] zu sehen.

R für [rad]

D für [°]

13. Das Bogenmaß

Die Umstellung des Taschenrechners von [°] auf [rad] und umgekehrt, wird bei Verwendung der Umrechnungsformel <u>nicht</u> benötigt.

Übungsaufgaben:

13. - A1

Rechnen Sie folgende Winkel mit der entsprechenden Formel in rad um:

17° =

42° =

96° =

187° =

264° =

306° =

13. - A2

Rechnen Sie folgende Winkel mit der entsprechenden Formel in Grad [°] um:

0,45 rad =

1,4 rad =

3,2 rad =

4,4 rad =

13. - A3

Rechnen Sie folgende Winkel in rad um:

27° =

45° =

86° =

172° =

261° =

301° =

13. - A4

Rechnen Sie folgende Winkel in Grad [°] um:

2,3 rad =

1,85 rad =

0,23 rad =

5,3 rad =

14. Berechnung von Masse und Gewichtskraft

Mit der Ermittlung der Masse stellt man fest, wie schwer oder leicht ein Körper ist.

Das Gewicht eines Körpers spielt eine große Rolle bei Aufstellungen von schweren Komponenten, Berechnung von Konstruktionen oder auch bei Verpackungen oder Transporten.

Die SI-Einheit der Masse ist kg. Die Einheit der Kraft ist N.

Umrechnungszahl Masseeinheiten 1000!

1 g = 1000 mg
1 kg = 1000 g
1 t = 1000 kg

Je schmaler die Pyramide, desto kleiner der Zahlenwert und die Einheit desto größer

1 Stufe nach unten = Multiplikation (·) 1000

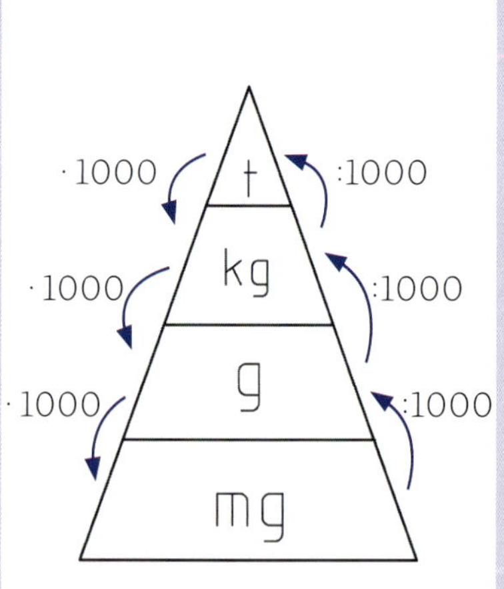

1 Stufe nach oben = Division (:) 1000

Je breiter die Pyramide, desto größer der Zahlenwert und die Einheit desto kleiner.

Masse, Dichte und spezifisches Volumen

Die Masse eines Körpers ist an jedem Ort gleich, die Gewichtskraft F_G eines Körpers dagegen nicht.

Festgestellt wird die Masse eines Körpers mit Hilfe einer Waage bzw. rechnerisch durch Ermittlung des Volumens des Körpers, welches mit der entsprechenden Dichte des Körpers ρ multipliziert wird.

Mit diesem Dreieck kann man ganz einfach auf die Formeln für m oder V oder ρ schließen, ohne dass man Formeln umstellen können muss:

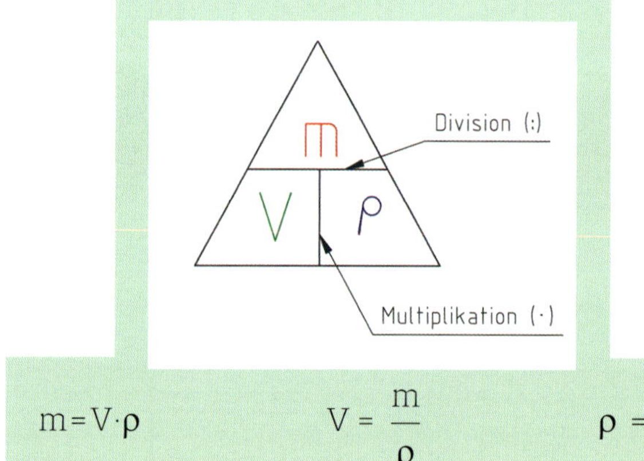

$m = V \cdot \rho \qquad V = \frac{m}{\rho} \qquad \rho = \frac{m}{V}$

Formelzeichen:
m = Masse [kg]
V = Volumen [m³]
ρ = Dichte des Körpers $[\frac{kg}{m^3}]$ *oder* $[\frac{kg}{dm^3}]$ *oder* $[\frac{g}{cm^3}]$ *oder* $[\frac{t}{m^3}]$

Hier sei auf Kapitel Volumenberechnung verwiesen.

Die Dichte ist ein materialabhängiger Tabellenwert und kann jedem Tabellenbuch entnommen werden.

Der Kehrwert der Dichte ist das spezifische Volumen v.

$$v = \frac{1}{\rho} \cdot [\frac{m^3}{kg}; \frac{dm^3}{kg}; \frac{cm^3}{g}; \frac{m^3}{t}]$$

Die Einheit des spezifischen Volumens ist umgekehrt der Dichteeinheit. Mithilfe diesen Wertes errechnet sich die Masse mit

$$m = \frac{V}{v}$$

Die Masse eines Gegenstandes kann man auch mit Hilfe von Tabellen ermitteln. Voraussetzung dafür ist, dass der Gegenstand einen gleichbleibenden Querschnitt hat.

Um die Arbeit des Berechnens zu erleichtern, wird die Masse von Rohren, Drähten, Profilen mit gleichbleibendem Querschnitt und 1 m Länge ermittelt und in Tabellen zusammengestellt.

Um nun die Masse eines bestimmten Profils mit einer bestimmten Länge zu ermitteln, multipliziert man den Tabellenwert mit der tatsächlichen Länge.

$$m = m' \cdot l$$

Das gleiche Prinzip gilt für Bleche. Je nach Material und Blechdicke kann man über Tabellen die **flächenbezogene** Masse berechnen, indem man die Masse für 1 m² Blech in der Tabelle abliest und mit der tatsächlichen Fläche multipliziert.

$$m = m'' \cdot A$$

Formelzeichen:
m = Masse [kg]
m' = längenbezogene Masse [$\frac{kg}{m}$]
m'' = flächenbezogene Masse [$\frac{kg}{m^2}$]
l = tatsächliche Länge [m]
A = tatsächliche Fläche [m²]

Die Dichte von Wasser beträgt $1 \frac{kg}{dm^3}$, d.h. alles, was eine größere Dichte als $1 \frac{kg}{dm^3}$ besitzt und in Wasser getaucht wird,

z.B. Stahl $\rho_{Stahl} = 7{,}85 \frac{kg}{dm^3}$

sinkt nach unten.

Alles, was eine kleinere Dichte als $1 \frac{kg}{dm^3}$ besitzt und in Wasser getaucht wird,

z.B. Kork $\rho_{Kork} = 0{,}48 \frac{kg}{dm^3}$

schwimmt auf dem Wasser.

Mögliche Fehlerquellen:
- Fehler beim Umrechnen der Einheiten
- Verwechslung der Begriffe Masse und Gewichtskraft
- Tabellenbücher haben als Einheit für die Dichte entweder [$\frac{kg}{m^3}$] oder [$\frac{kg}{dm^3}$] oder [$\frac{t}{m^3}$] oder [$\frac{g}{cm^3}$]. Dies sollte man unbedingt beachten.

Über 100 Jahre lang bildete das Urkilogramm die Referenz für die Maßeinheit der Masse.

Das Urkilogramm wird wie auch das Urmeter in einem Tresor im Bureau International des Poids et Measures (Internationales Büro für Gewichte und Maße) in Paris aufbewahrt. Im Laufe der vielen Jahre wurde das Urkilogramm (ein Zylinder aus Platin und Iridium) jedoch leichter.

14. Berechnung von Masse und Gewichtskraft

Massenstrom

Die Masse eines Mediums (Luft, Wasser, Kältemittel etc.), die in einer bestimmten Zeit durch einen Querschnitt fließt, bezeichnet man als Massenstrom.

$$\dot{m} = \frac{m}{t}$$

Für Arbeiten mit dem PC:
Den Punkt über m erhält man in Word durch folgende Tastenkombination: m0307+alt+C.

Formelzeichen:
$\dot{m}$ = Massenstrom [kg/h; kg/s]
m = Masse [kg]
T = Zeit [h; min; s]

Die Umrechnung von $\frac{kg}{h}$ in $\frac{kg}{s}$ erfolgt folgendermaßen:

$$\frac{kg}{h} \cdot \frac{h}{3600\,s} = \frac{kg}{s}$$

Umrechnung von $\frac{kg}{s}$ in $\frac{kg}{h}$ erfolgt folgendermaßen:

$$\frac{kg}{s} \cdot \frac{3600\,s}{h} = \frac{kg}{h}$$

Gewichtskraft F_G (engl. Force)

Die Masse eines Körpers ist an jedem Ort gleich. Im Gegenteil dazu steht die Gewichtskraft. Sie wird ortsabhängig ermittelt, in dem die Masse mit der entsprechenden Gravitationskonstanten g multipliziert wird.

$$F_G = m \cdot g\,[N].$$

D.h. wenn ein Mensch auf der Erde 75 kg wiegt, dann wiegt er auch auf dem Mond 75 kg, aber die Gewichtskraft F_G ist eine andere.
$F_{G\ Erde}$ = 735,75 N,
$F_{G\ Mars}$ = 278,325 N,
$F_{G\ Mond}$ = 121,5 N.

Die Gravitation oder Schwerkraft bewirkt, dass ein Körper in Richtung Erdmittelpunkt gezogen wird. Da die Anziehung auf dem Mond nur $\frac{1{,}62}{9{,}81}$ = ca. $\frac{1}{6}$ der Erdanziehung ist, „schwebt" man auf dem Mond.

Auf der Erde beträgt die Gravitationskonstante (g_{Erde}) = 9,81 $\frac{m}{s^2}$.

Auf dem Mars dagegen würde man mit einer Gravitationskonstanten (g_{Mars}) rechnen = 3,711 $\frac{m}{s^2}$.

Auf dem Mond beträgt die Gravitationskontante (g_{Mond}) = 1,62 $\frac{m}{s^2}$.

Die Einheit der Gewichtskraft ist

$$[N] = [\frac{kg \cdot m}{s^2}].$$

N = Newton

Verwenden Sie das Tabellenbuch. Für die umfangreichen Berechnung benötigen Sie hier ein separates Blatt.

Übungsaufgaben:

Berechnen Sie a) die Masse in g und b) die Gewichtskraft in N des Vollkegels aus unlegiertem Stahl (ohne Bohrung).

Berechnen Sie c) die Masse in g und d) Gewichtskraft in N des Kegelstumpfes, wenn man eine Bohrung gem. Zeichnung von 22 mm Durchmesser anbringt und die oberen 30 mm abnimmt.

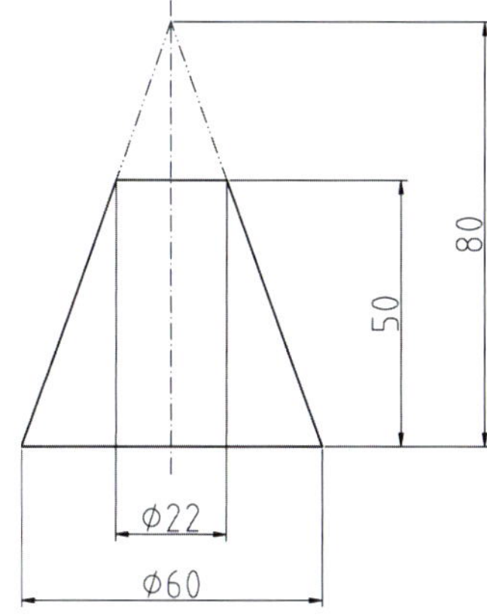

14. - A2

Ein Zylinder wird mit 30 l Benzin ($\rho = 748 \frac{kg}{m^3}$) gefüllt.
Die Höhe der Benzinfüllung beträgt 611,5 mm.
Wieviel wiegt die Benzinfüllung?
Welchen Durchmesser in cm hat der Zylinder?

Berechnen Sie a) die Masse in g und b) die Gewichtskraft in N des Körpers aus Aluminium.

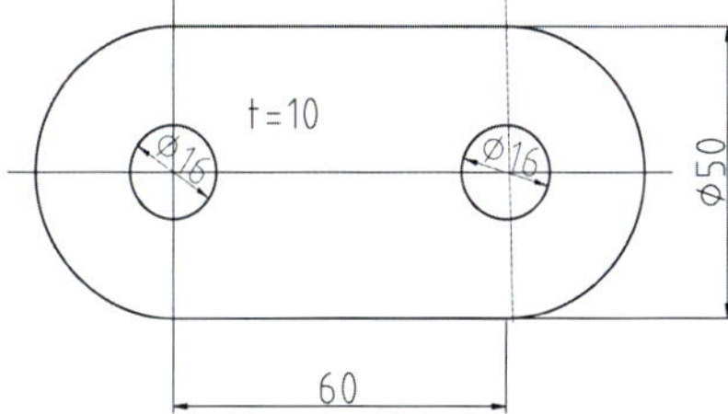

14. - A4

Eine Person wiegt 83 kg. Mit welcher Gewichtskraft wirkt sie auf der Erde, auf dem Mond und auf dem Mars?

14. - A5

Ein Gabelstapler soll 5 Blechtafeln à 3500 x 1500 mm transportieren. Die Blechtafeln sind 3 mm dick.
Welche Masse wird transportiert?

Anekdote aus dem Unterricht zum Thema Masse in kg:

Frage: „Herr ..., wenn Sie sich auf die Waage stellen, was stellen Sie fest?"

Antwort: „Dass ich zugenommen habe."

14. - A6

Ein gleichschenkliger Winkelstahl 50 x 50 x 6 wird für Arbeiten in der Länge 3,5 m benötigt. Wieviel wiegt er?

15. Zeichnerische Darstellung von Kräften

Kräfte kann man durch grafische Darstellung mittels Pfeilen sehr gut veranschaulichen:

- Die Pfeilspitze zeigt die Richtung der angreifenden Kraft,
- die Pfeillänge gibt die Größe der Kraft an.
- Wirken mehrere Einzelkräfte miteinander, entsteht daraus eine resultierende Kraft.

Die Einheit der Kraft ist N.

Das Zusammenspiel von Kräften kann man geometrisch mit Pfeildarstellung ermitteln. Voraussetzung ist, dass beide Kräfte einen gemeinsamen Angriffspunkt haben.

Der Pfeilanfang bildet den Angriffspunkt. Die Pfeillänge ist der Betrag der Kraft, die Pfeilspitze zeigt die Richtung der Kraft.

Wichtig ist, dass ein Maßstab vereinbart wurde, z.B. 1 cm = 1 N oder 1 cm = 10 N.

Durch das Zeichnen bekommt man wie immer, wenn man sich etwas aufzeichnet, eine bessere Vorstellung.

Schrittreihenfolge für das Zeichnen von Kräften:

1. Kräftemaßstab festlegen
2. Pfeillänge und Pfeilrichtung ermitteln
3. Kräfte zeichnen

Wirken zwei Kräfte vom gleichen Angriffspunkt in die gleiche Richtung, so addieren sie sich.

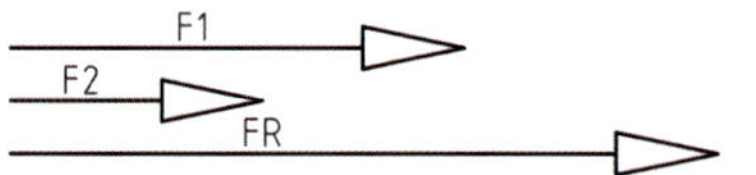

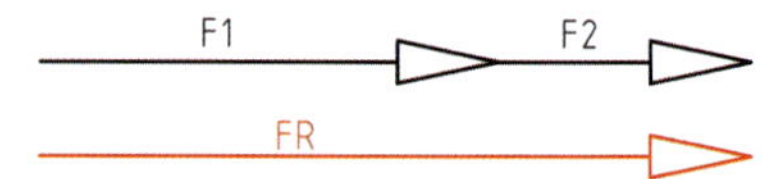

Wirken zwei Kräfte in entgegengesetzte Richtung, dann subtrahieren sie sich.

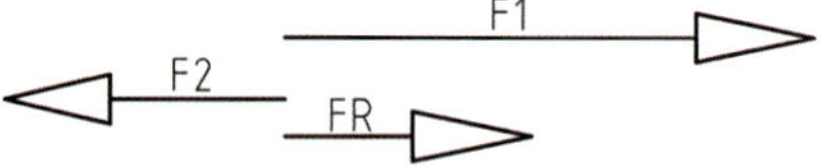

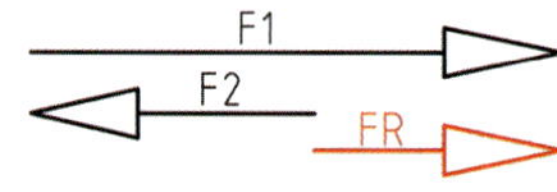

Wirken zwei Kräfte in unterschiedliche Richtungen, kann man die daraus resultierende Kraft mit Hilfe eines Kräfteparallelogramms ermitteln:

Man zeichnet an den Endpunkt einer Kraft eine Parallele zur anderen Kraft. Mit der 2. Kraft verfährt man genauso ($F_{1'}$, $F_{2'}$). Nun hat sich ein Parallelogramm gebildet.

Vom gemeinsamen Angriffspunkt bis zu dem Punkt, in dem sich die Pfeilspitzen treffen, zieht man nun eine Diagonale durch das Parallelogramm: die resultierende Kraft F_R.

Durch Abmessen und Verwendung des richtigen Maßstabes kann man nun zur Richtung auch den Betrag der resultierenden Kraft ermitteln.

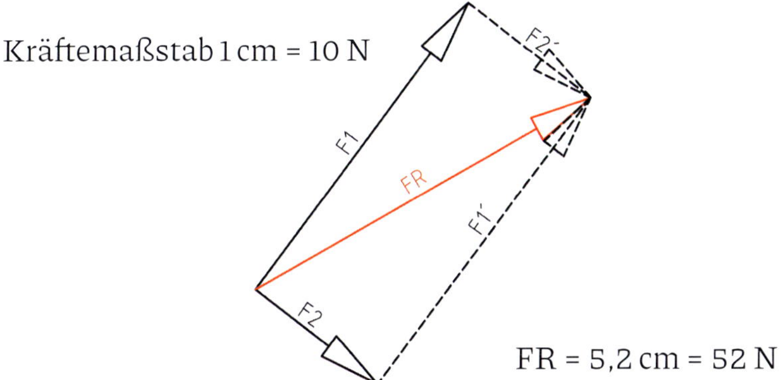

Schrittreihenfolge für das Kräfteparallelogramm:

1. Kräftemaßstab festlegen (nicht zu groß und nicht zu klein)
2. Pfeillänge und Pfeilrichtung ermitteln
3. Kräfte im gemeinsamen Angriffspunkt zeichnen
4. Parallelverschiebung vornehmen (2 Lineale) bis zum Ende der Pfeilspitze
5. Diagonale ziehen, ausmessen und umrechnen.

Formelzeichen:
F_1, F_2 = Teilkräfte [N, kN], Wirklinien
$F_{1'}$, $F_{2'}$ = Kräfte der Parallelverschiebung [N, kN]
F_R = Resultierende Kraft [N, kN]

Eine resultierende Kraft kann man auch in Einzelkräfte zerlegen. Voraussetzung ist, dass die Ausgangskraft und die Wirkungsrichtungen der Teilkräfte bekannt sind.

➡ Merke: Die Richtung der Kraft läuft zur Pfeilspitze hin.

15. Zeichnerische Darstellung von Kräften

Übungsaufgaben:

Ein 20 kg schwerer Heizkörper soll mit einer Gewichtskraft hochgehoben und gleichzeitig waagerecht nach rechts mit einer Kraft von 150 N verschoben werden.

Ermitteln Sie die resultierende Kraft F_R.

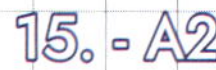

Zwei Kräfte F_1 = 500 N und F_2 = 200 N wirken in die gleiche Richtung. Wie groß ist die resultierende Kraft F_R?

15. - A3

Zwei Kräfte F_1 = 10,5 kN und F_2 = 800 N wirken in entgegengesetzte Richtung.

Wie groß ist die resultierende Kraft F_R?

16. Trigonometrie – Berechnung rechtwinkliger Dreiecke

Der Begriff Trigonometrie kommt aus dem Griechischen.
Tri bedeutet drei, Gon bedeutet „eck", metron bedeutet „Maß".

Die korrekte Berechnung von Dreiecken ist in vielen Bereichen der Technik grundlegend. So etwa bei der Seiten und Winkelermittlung von Konstruktionen und für Berechnungen zum Einheitskreis. Wie auch in der Elektrotechnik zur Berechnung von sinusförmigem Wechselstrom, von Schein-, Blind- und Wirkleistung sowie Kompensation.

Ganz wichtig ist die Überprüfung, dass das vorliegende Dreieck tatsächlich einen rechten Winkel hat. Rechter Winkel heißt, die Katheten schließen einen 90°-Winkel ein.

Danach muss man entscheiden, was man im Dreieck berechnen möchte, eine Seite oder einen Winkel. Dafür wiederum ist festzustellen, was im Dreieck gegeben ist, d.h. vor der Berechnung sind die Seiten und Winkel in den Dreiecken zu benennen.

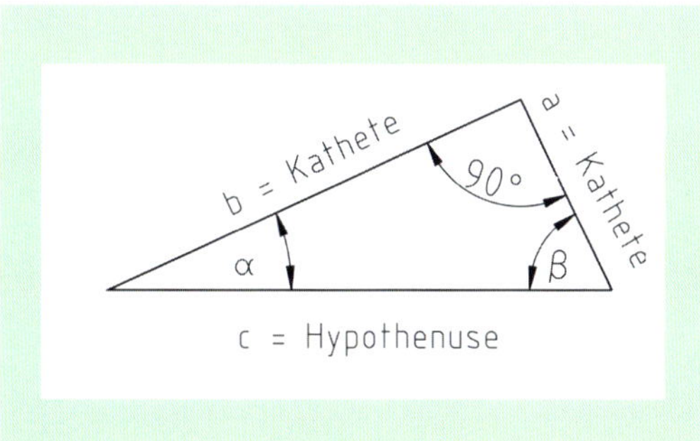

Sehr wichtig ist vorab das Benennen von Seiten und Winkeln in einem Dreieck.

Formelzeichen:
a,b = Katheten
c = Hypothenuse
α, β = Winkel im Dreieck

In einem rechtwinkligen Dreieck liegt

- Seite a immer gegenüber Winkel α
- Seite b immer gegenüber Winkel β
- Seite c heißt Hypotenuse. Sie liegt dem 90°-Winkel gegenüber und ist immer die längste Seite im Dreieck

Ein rechter Winkel wird oft mit einem Punkt dargestellt:

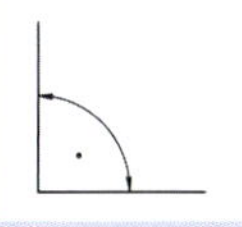

16. Trigonometrie – Berechnung rechtwinkliger Dreiecke

Hat man 2 Winkel gegeben und möchte den 3. Winkel errechnet, so ist zu beachten, dass die Summe aller Winkel eines Dreiecks immer 180 ° ist.

$$\alpha + \beta + \gamma = 180°$$

Seitenlängen oder Winkel ermitteln

Möchte man einen Winkel mithilfe von Seiten ermitteln oder aus einem Winkel und einer Seite eine weitere Seite im Dreieck berechnen, kommen die trigonometrischen Winkelfunktionen sin, cos, tan und cot zum Einsatz. Hier wird ein Winkel durch das Verhältnis von zwei Seiten errechnet.

Um diese Winkelfunktionen richtig anwenden zu können, muss man wissen, wo im entsprechenden Dreieck die Gegenkathete und die Ankathete liegen. Dies hängt vom Winkel ab, von dem aus man die Aufgabe betrachtet:

Die Ankathete (AK) liegt am Winkel an, die Gegenkathete (GK) liegt dem Winkel gegenüber. Die Hypotenuse liegt wie auf der Vorseite beschrieben, gegenüber dem rechten Winkel. Sie ist die längste Seite im Dreieck.

Durch Umstellen der Winkelfunktionen kann man entsprechend alle Winkel und Seiten eines Dreiecks berechnen, **vorausgesetzt das Dreieck hat einen rechten Winkel.**

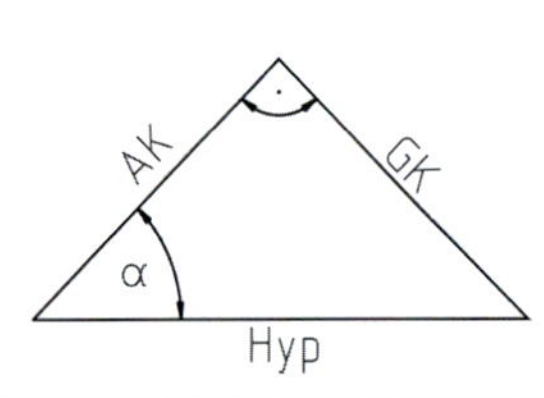

$$\sin \alpha = \frac{GK}{Hyp} \qquad \tan \alpha = \frac{GK}{AK}$$

$$\cos \alpha = \frac{AK}{Hyp} \qquad \cot \alpha = \frac{AK}{GK}$$

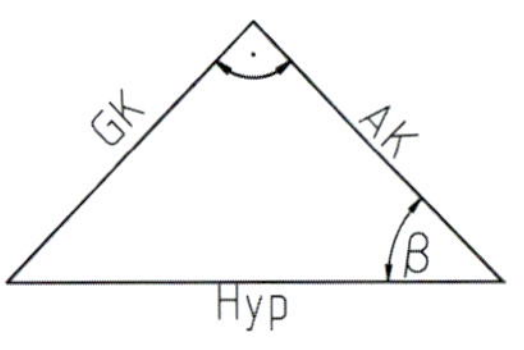

$$\sin ß = \frac{GK}{Hyp} \qquad \tan \beta = \frac{GK}{AK}$$

$$\cos \beta = \frac{AK}{Hyp} \qquad \cot \beta = \frac{AK}{GK}$$

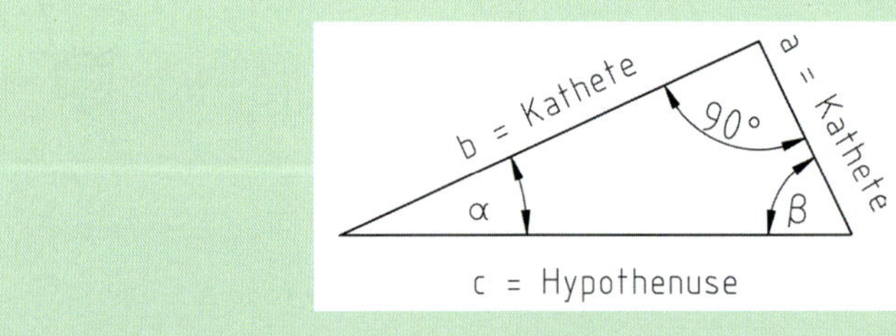

$$\sin \alpha = \frac{a}{c} \qquad \cos \alpha = \frac{b}{c} \qquad \tan \alpha = \frac{a}{b} \qquad \cot \alpha = \frac{b}{a}$$

$$\sin \beta = \frac{b}{c} \qquad \cos \beta = \frac{a}{c} \qquad \tan \beta = \frac{b}{a} \qquad \cot \beta = \frac{a}{b}$$

Mit dem cot (Cotangens) wird in der Schule i.d.R. selten gearbeitet, da er der Kehrwert vom Tangens ist. Man neigt dazu, nur den Tangens zu verwenden, weil man in beiden Fällen den Wert der Ankathete und der Gegenkathete kennen muss, um einen Winkel zu berechnen. Der cot sei trotzdem erwähnt. Wissen schadet nicht.

Der Satz des Pythagoras

Möchte man in einem Dreieck eine Seitenlänge ermitteln und hat die anderen beiden Seiten des Dreieckes gegeben, bietet sich der Satz des Pythagoras an. Voraussetzung für die Anwendung des Satz des Pythagoras ist, dass das Dreieck einen rechten Winkel hat.

Ich habe noch nie einen Azubi erlebt, der mir den Satz des Pythagoras nicht aufsagen konnte. Aber was bedeutet er?

Wenn man über den Seiten a, b und c jeweils ein Flächenquadrat aus den entsprechenden Seiten ermittelt, wird man feststellen, dass die Summe der Quadrate aus a und b genauso groß ist wie das Quadrat der Hypotenuse.

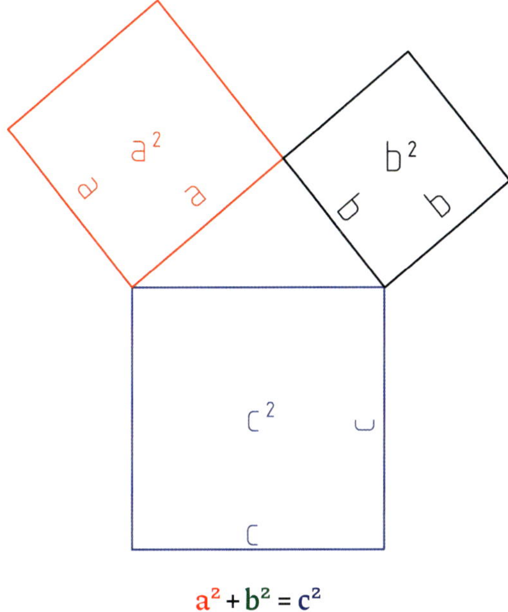

$a^2 + b^2 = c^2$

Pythagoras:
Griechischer Philosoph,
geb. um 570 v. Chr.,
gest. um 510 v. Chr.

Durch Umstellen der Formel ist es möglich, die Seiten a, b oder c zu berechnen. Siehe Kapitel Gleichungen und Formeln umstellen.

Mögliche Fehlerquellen:

- das Dreieck hat keinen rechten Winkel, d.h. dann kommen die Formeln für schiefwinklige Dreiecke zum Einsatz
- die Winkelfunktionen oder der Satz des Pythagoras werden falsch umgestellt, siehe Kapitel Formeln und Gleichungen umstellen
- verwenden Sie Ihre Taschenrechner für diese Berechnungen mit eingeschalteter DEG-Taste, sonst werden falsche Werte ermittelt
- man vergisst, zum Schluß die Wurzel zu ziehen

16. Trigonometrie – Berechnung rechtwinkliger Dreiecke

Übungsaufgaben:

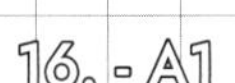

In einem rechtwinkligen Dreieck sind die Seiten

a = 5 cm und c = 13 cm gegeben. Wie groß ist die Seite b?

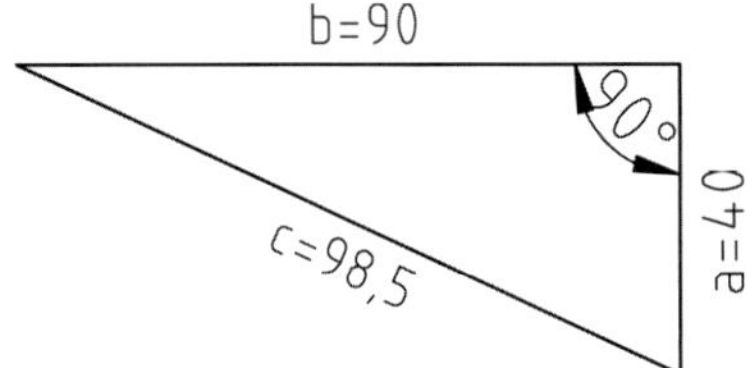

16. - A2

Gegeben ist folgendes Dreieck:

Berechnen Sie die Winkel α und β.

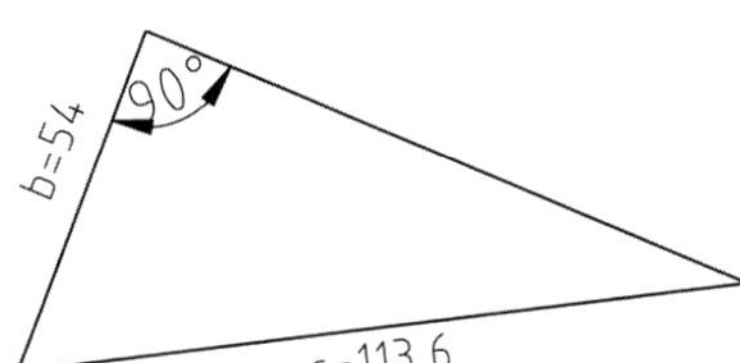

16. - A3

Berechnen Sie am gegebenen Dreieck alle fehlenden Seiten in mm und alle Winkel.

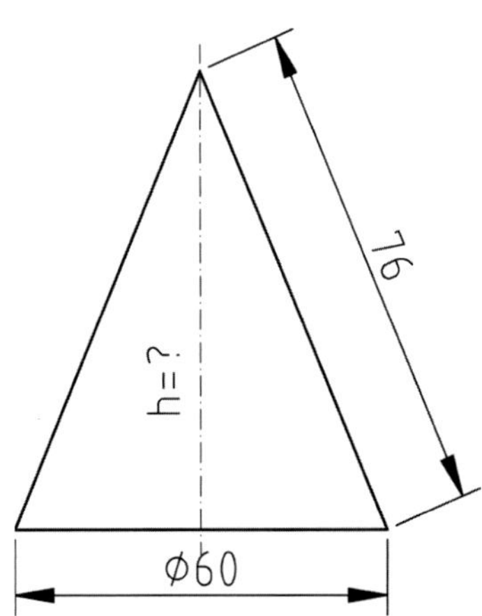

16. - A4

Berechnen Sie die Höhe des Kegels in mm.

17. Trigonometrie – Berechnung schiefwinkliger Dreiecke

Die korrekte Berechnung von schiefwinkligen Dreiecken ist in der Technik überaus wichtig zur Seiten- und Winkelermittlung von Konstruktionen

Wie schon bei den rechtwinkligen Dreiecken erwähnt, ist es enorm wichtig zu überprüfen, ob ein Dreieck einen rechten Winkel hat oder nicht.

Danach muss man auch hier genau schauen, was im Dreieck gegeben ist bzw. was im Dreieck man berechnen möchte, eine Seite oder einen Winkel.

Danach entscheidet man sich für einen bestimmten Sinus- bzw. Kosinussatz.

Sehr wichtig ist auch hier das Benennen von Seiten und Winkeln wie im unten gezeichneten Dreieck.

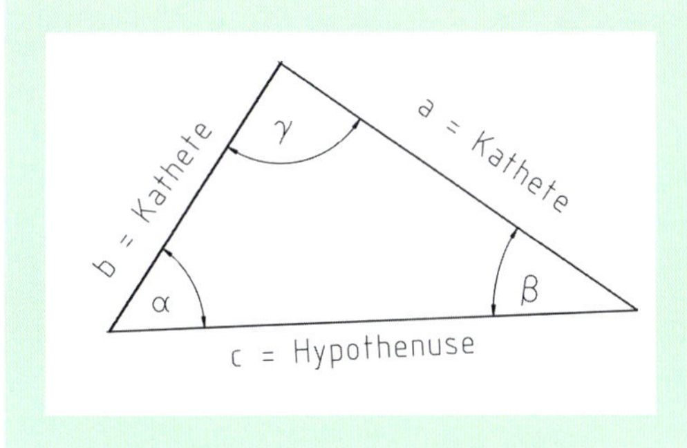

Formelzeichen:
a,b = Katheten
c = Hypotenuse
α, β, γ = Winkel im Dreieck
AK = Ankathete
GK = Gegenkathete
Hyp = Hypotenuse

Auch hier gilt:

- Seite a liegt immer gegenüber von Winkel α
- Seite b liegt immer gegenüber von Winkel β
- und Seite c liegt immer gegenüber Winkel γ

Die Summe aller Winkel eines Dreiecks ist immer 180 °, auch wenn es schiefwinklig ist:

$$\alpha + \beta + \gamma = 180^\circ$$

Zur korrekten Ermittlung von Seiten oder Winkeln wird entweder der Sinussatz oder der Kosinussatz verwendet.

17. Trigonometrie – Berechnung schiefwinkliger Dreiecke

Für die Berechnung werden nur vier und nicht sechs Größen benötigt: $\frac{a}{\sin \alpha} = \frac{b}{\sin \beta}$

oder

$$\frac{a}{\sin \alpha} = \frac{c}{\sin \gamma}$$

oder

$$\frac{b}{\sin \beta} = \frac{c}{\sin \gamma}$$

Sinussatz

$$a : b : c = \sin\alpha : \sin\beta : \sin\gamma$$

oder auch

$$\frac{a}{\sin\alpha} = \frac{b}{\sin\beta} = \frac{c}{\sin\gamma}$$

Man sucht sich die Sätze heraus in denen die gesuchte Größe und drei bekannte Größen vorkommen. Dann stellt man nach der gesuchten Größe um.

Bekannte Größen einsetzen, ausrechnen, fertig!

- Sollte man einen Winkel ermitteln, benötigt man die sin-Taste am Taschenrechner.

Kosinussatz

Der Kosinussatz ist etwas länger als der Sinussatz und lautet:

$$a^2 = b^2 + c^2 - 2 \cdot b \cdot c \cdot \cos\alpha$$

$$b^2 = a^2 + c^2 - 2 \cdot a \cdot c \cdot \cos\beta$$

$$c^2 = a^2 + b^2 - 2 \cdot a \cdot b \cdot \cos\gamma$$

Das Umstellen nach einer Winkelgröße fällt oft schwer. Sehen Sie hierzu Übungsaufgabe 2.

Beachten Sie auch Kapitel Gleichungen und Formeln umstellen.

- Verwenden Sie die cos-Taste.

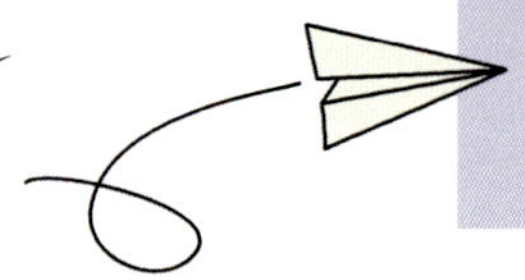

Mögliche Fehlerquellen:
- falsches Umstellen von Formeln (Kapitel Gleichungen und Formeln umstellen).
- es wird nicht erkannt, dass es sich um ein schiefwinkliges Dreieck handelt. Das Dreieck wird entsprechend falsch als rechtwinkliges Dreieck behandelt. Bei diesen Berechnungen sollte sichergestellt sein, dass der Taschenrechner auf D bzw. DEG eingestellt ist, ansonsten erhält man falsche Werte.

Übungsaufgaben:

17. - A1

Stellen Sie $\frac{a}{\sin\alpha} = \frac{b}{\sin\beta}$ nach b um

und stellen Sie $\frac{b}{\sin\beta} = \frac{c}{\sin\gamma}$ nach $\sin\gamma$ um.

17. - A2

Stellen Sie $a^2 = b^2 + c^2 - 2 \cdot b \cdot c \cdot \cos\alpha$ nach $\cos\alpha$ um.

17. - A3

Gegeben ist folgendes Dreieck. Die Seite c = 120 mm.

Berechnen Sie den 3. Winkel sowie alle fehlenden Seiten.

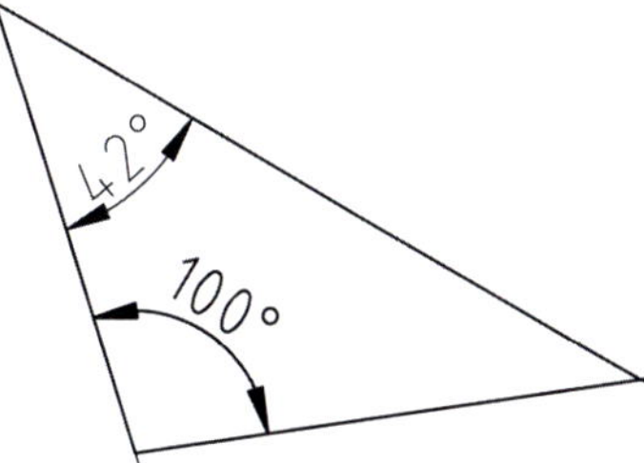

17. - A4

Der Winkel β = 44°. Berechnen Sie am gegebenen Dreieck alle fehlenden Seiten und Winkel.

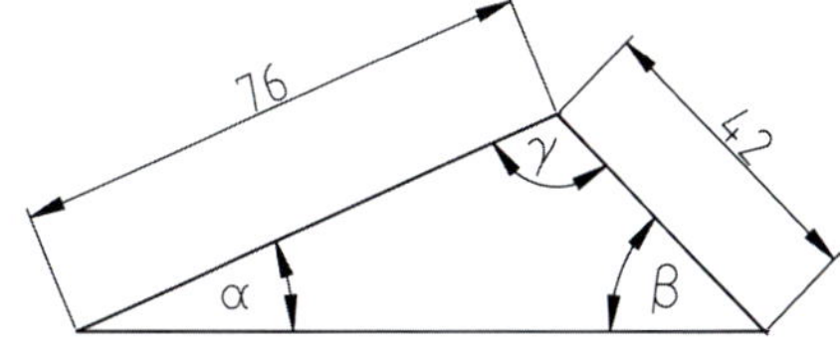

18. Gestreckte Länge

Egal ob gerolltes Kabel oder ein in einer Zeichnung dargestelltes gebogenes Werkstück (Blech oder Rohr) – durch die Berechnung der gestreckten Länge kann man die korrekte Ausgangslänge eines Objektes ermitteln.

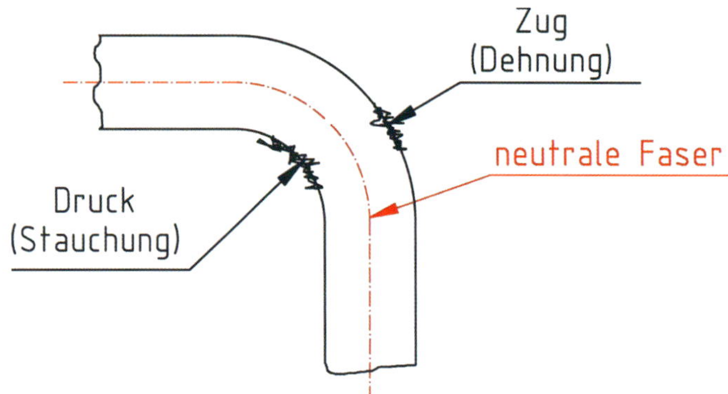

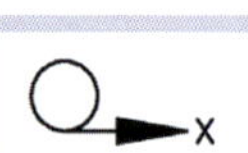

Sollten Sie dieses Zeichen in einer technischen Zeichnung sehen, wird auf die gestreckte Länge eines Werkstückes verwiesen.

Die Zahl hinter dem Pfeil, hier x, gibt die Länge des Werkstückes im Ursprungszustand (die gestreckte Länge) an.

Beim Biegen eines Werkstückes wirken im äußeren Bereich der Biegung Zugkräfte (Dehnung) und im inneren Bereich der Biegung Druckkräfte (Stauchung) auf das Werkstück.

Die neutrale Faser wird weder durch Zug- noch durch Druckspannungen beansprucht. Sie liegt bei runden, quadratischen oder rechteckigen Querschnitten in der Mitte des Werkstückes. Ihre Ermittlung entspricht der gestreckten Länge, d.h. der Ursprungslänge eines Objektes.

Ermittlung mittlerer Durchmesser

Den Radius kann man mit R (Großbuchstabe) ebenso wie mit r (Kleinbuchstabe) bezeichnen.

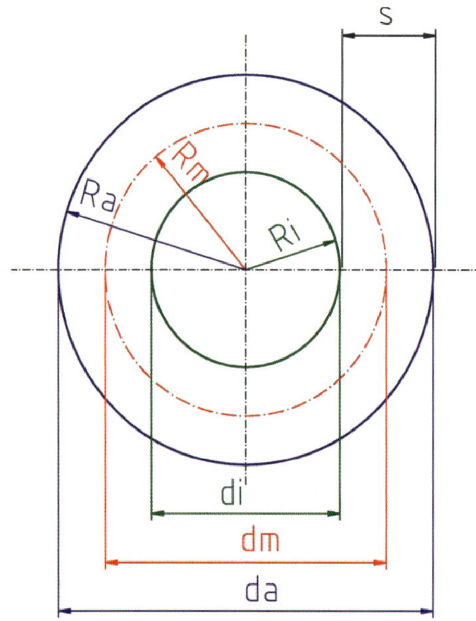

Der Radius eines Kreises R ist die Hälfte des Durchmessers bzw. der doppelte Radius R entspricht dem Durchmesser d.

$$d = 2R$$

Um den mittleren Durchmesser d_m zu ermitteln, kann man den Innenradius R_i verdoppeln und die einfache Materialstärke dazu addieren:

$$d_m = 2 \cdot R_i + s$$

Bei Angabe des Außenradius R_a wird dieser verdoppelt und die Materialstärke s subtrahiert:

$$d_m = 2 \cdot R_a - s$$

Eine weitere Variante, d_m zu berechnen ist:

$$d_m = \frac{d_a + d_i}{2}$$

Formelzeichen [Maßeinheit]:

L_{gestr} = gestreckte Länge [mm, cm, dm, m]

l_1, l_2, l_3 = Teillängen [mm, cm, dm, m]

α = Öffnungswinkel [°]

d_a = Außendurchmesser [mm]

d_i = Innendurchmesser [mm]

d_m = Durchmesser der neutralen Faser oder mittlerer Durchmesser, auch mittlerer Windungsdurchmesser [mm, cm, dm, m]

R_a = Außenradius [mm]

R_i = Innenradius [mm]

R_m = mittlerer Radius [m]m

s = Materialstärke [mm]

i = Anzahl der Windungen, Anzahl der Kabelringe [-]

Σ = Summe der Teillängen

n = Anzahl der Ecken an einem eckigen Werkstück

Die Reaktion auf die Fragestellung, wie man überprüfen kann, ob eine Rolle Kabel ausreicht, um eine Baustelle mit einer bestimmten Länge Leitung zu versorgen, ist immer wieder interessant. Die Mehrheit würde das Kabel abrollen, ausmessen, aufrollen. Dabei ist es so einfach, die Länge „über'n Daumen" mit der Formel der gestreckten Länge zu berechnen:

$$L = d_m \cdot \pi \cdot i$$

18. Gestreckte Länge

Vorgehensweise zur Berechnung der gestreckten Länge

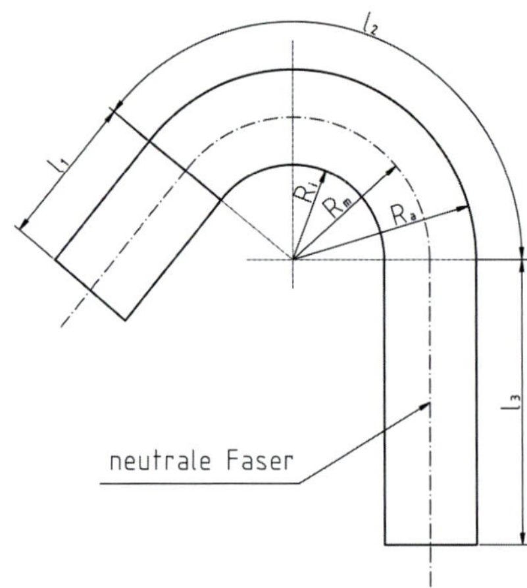

- Skizze anfertigen
- Einteilung der einzelnen Längen:
  a) gerade Längen b) gebogene Längen
- einzelne Berechnungen
- Zusammenführen der Einzelergebnisse zu einem Gesamtergebnis

Ermittlung:

Gestreckte Länge =

Σ gerade Werkstücklängen +Σ Längen aller gebogenen Strecken.

Gerade Werkstücklängen ermittelt man durch Messen oder Ablesen.

Eine gebogene Strecke errechnet sich mit der Formel

$$l = \frac{d_m \cdot \pi \cdot \alpha}{360°}$$

Dabei ist dm · π ein Vollkreis. Gebogene Einzelstrecken bestehen nicht immer aus Vollkreisen, sondern können auch nur aus einem Teil des Vollkreises bestehen. Daher benötigt man die Größe des Öffnungswinkels α. Mit seiner Hilfe kann man Teilkreise ermitteln.

Nach Berechnung der Einzelergebnisse errechnet sich die gesamte gestreckte Länge:

$$L_{gestr} = l_1 + l_2 + l_3 + \ldots$$

Berechnung eckiger Werkstücke

Bei eckigen Werkstücken wird die gestreckte Länge über die Mittellinie berechnet.

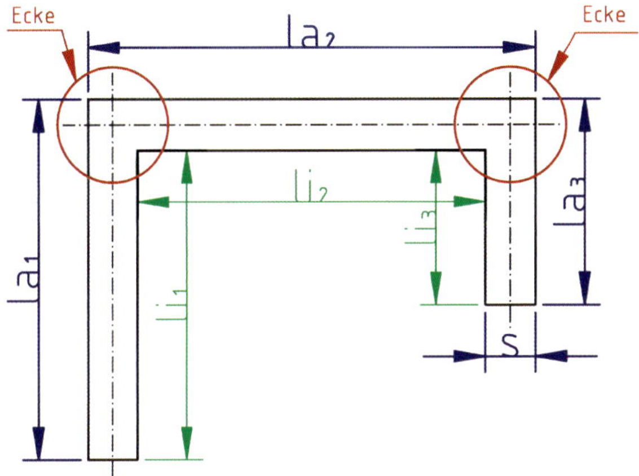

Dies kann mit Hilfe der Außenlängen erfolgen:

$$L_{gestr} = \Sigma \text{ Außenlängen} - \text{Anzahl der Ecken} \cdot \text{Werkstückdicke}$$

$$L_{gestr} = l_{a1} + l_{a2} + l_{a3} + \ldots - n \cdot s$$

Oder über die Innenlängen:

$$L_{gestr} = \Sigma \text{ Innenlängen} + \text{Anzahl der Ecken} \cdot \text{Werkstückdicke}$$

$$L_{gestr} = l_{i1} + l_{i2} + l_{i3} + \ldots + n \cdot s$$

n = Anzahl der Ecken am Werkstück (am Beispiel: 2 Stück)

In Schulen wird für einen Kreisumfang U oder eine Kreisfläche A oft die Formel mit Radius gelehrt:

$$U = 2 \cdot \pi \cdot r \text{ (bzw. } A = \pi \cdot r^2\text{)}$$

Für technische Berufe bietet sich die Formel mit dem Durchmesser an:

$$U = d \cdot \pi$$

$$\text{(bzw. } A = \frac{d^2 \cdot \pi}{4}\text{)}$$

Bei der Umrechnung von Durchmesser in Radius können bereits erste Fehler entstehen, die man durch Verwendung der Formel mit dem Durchmesser vermeiden kann. Denn Rohrdimensionen werden über den Durchmesser definiert, nicht über den Radius (z.B. in einem Tabellenbuch).

18. Gestreckte Länge

Berechnung von Federn

Bei Federn ergibt sich die gestreckte Länge aus der Anzahl der vollen Windungen $d_m \cdot \pi \cdot i$ sowie zwei angeschnittenen Windungen (jeweils für Anfangs- und Endwindung der Feder).

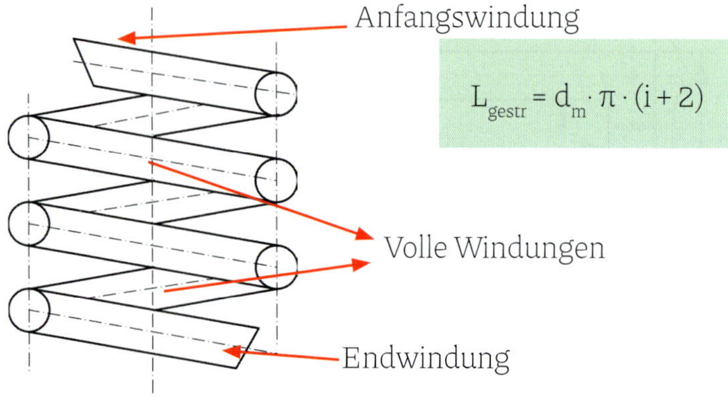

$$L_{gestr} = d_m \cdot \pi \cdot (i + 2)$$

Mögliche Fehlerquellen:

- Verwechslung von Radius und Durchmesser. Ein Biegeradius wird zeichnerisch angegeben; dadurch wird anstelle des Durchmessers in der Formel der Radius eingesetzt
- es wird nicht der mittlere Durchmesser, sondern der innere oder äußere Durchmesser in die Formel eingesetzt
- es wird nicht berücksichtigt, dass verschiedene Einheiten in einer Zeichnung stehen oder die unterschiedlichen Einheiten wurden berücksichtigt, aber fehlerhaft umgerechnet. Hier sei auf das Kapitel Umrechnen von Einheiten verwiesen
- sollte eine bestimmte Anzahl zu fertigender Werkstücke gefordert sein, muss man daran denken, am Ende der Aufgabe (nach Ermittlung der gestreckten Länge für ein Werkstück) mit der entsprechenden Werkstück-Anzahl zu multiplizieren

Übungsaufgaben:

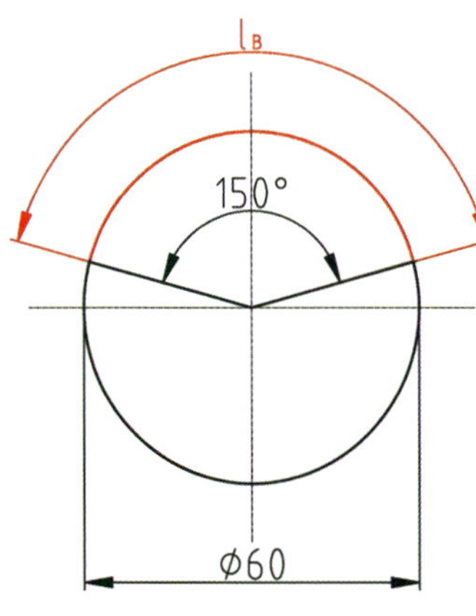

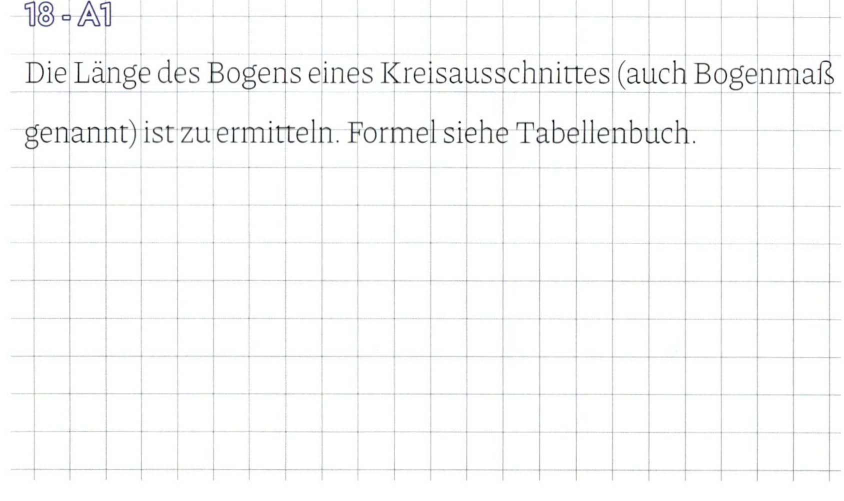

18 - A1

Die Länge des Bogens eines Kreisausschnittes (auch Bogenmaß genannt) ist zu ermitteln. Formel siehe Tabellenbuch.

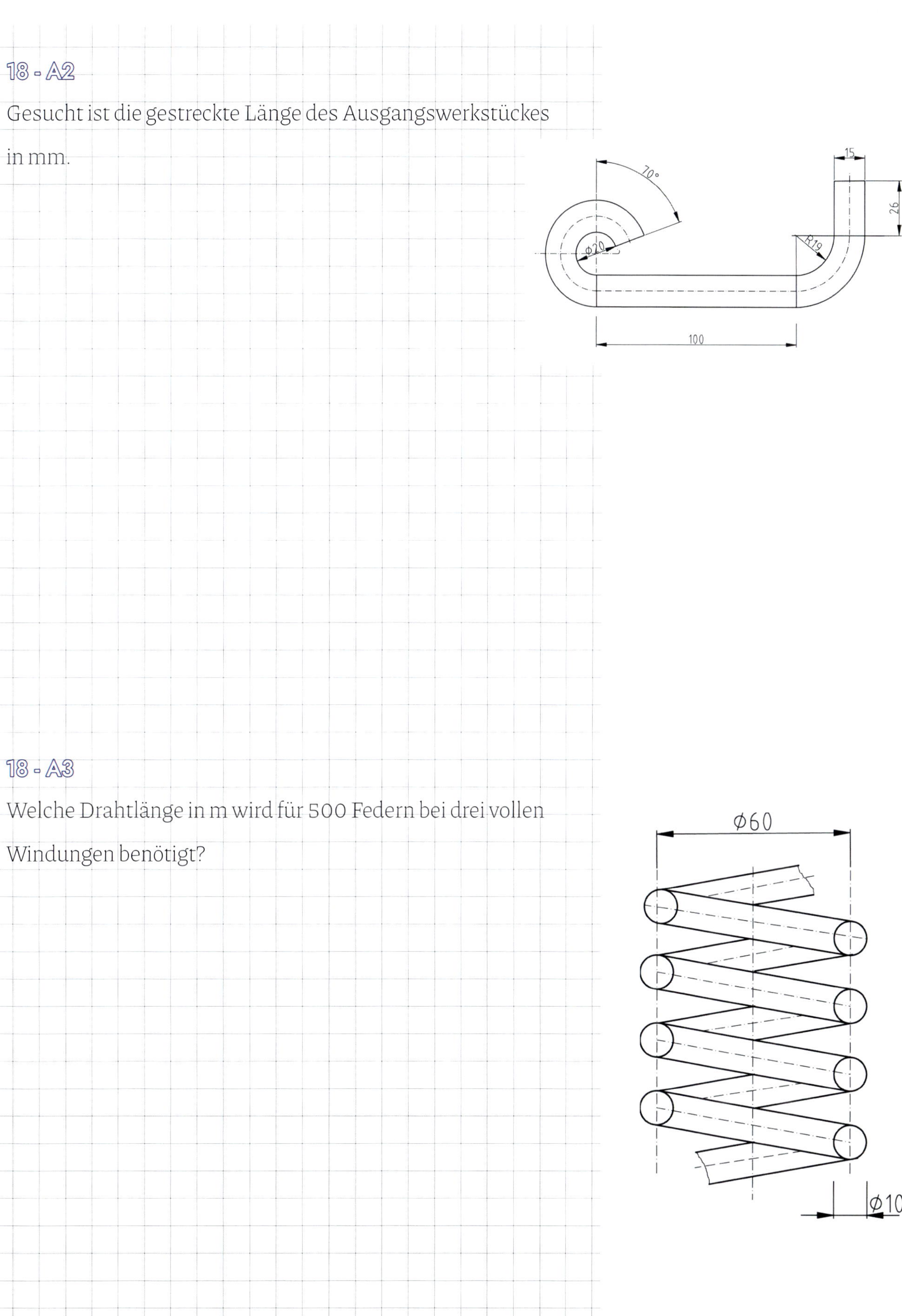

18 - A2

Gesucht ist die gestreckte Länge des Ausgangswerkstückes in mm.

18 - A3

Welche Drahtlänge in m wird für 500 Federn bei drei vollen Windungen benötigt?

19. Längen- und Volumenausdehnung

Bei Temperaturänderung eines Körpers ändern sich seine Längen bzw. sein Volumen, egal ob flüssig oder fest. Diese Erscheinung kann man sich in der Technik zu Nutze machen, es gibt aber Sachverhalte, die beachtet werden müssen, um Schäden und damit Risiken auszuschließen

Die Größenordnung der Veränderung eines Gegenstandes ist immer materialabhängig:

Metalle verändern ihre Form durch Temperaturänderung mehr als Porzellan. Zunutze macht man sich die Eigenschaften der unterschiedlichen Metallausdehnung bei einem Bimetallthermometer, aber auch bei Passungen.

Eine Volumenausdehnung durch Temperaturerhöhung kennt man bei Flüssigkeitsthermometern.

Einen Autotank sollte man nie komplett füllen und in die pralle Sonne stellen, da das Benzin sich ausdehnt. Zahnfüllungen und Zahnklebstoff sollten immer den gleichen Ausdehnungskoeffizienten haben wie die Zähne selbst, sonst halten die Füllungen nicht.

Alle Gegenstände dehnen sich bei Erwärmung aus, bei Abkühlung ziehen sie sich zusammen: sie schwinden.

Um Wärmedehnung auszugleichen sollten bei der Fußbodenverlegung (Parkett oder Fliesen) Dehnungsfugen berücksichtigt werden, ansonsten kann es zu Rissen kommen. Eine Seite ist immer beweglich, so dass der Belag sich ausdehnen kann, ohne Schaden zu nehmen.

In der Rohrleitungstechnik werden Dehnungsausgleicher eingesetzt wie auch im Straßenbau oder bei Eisenbahnschienen. Stelle man sich besser nicht das Ausmaß an Schäden vor, wenn dies nicht berücksichtigt werden würde.

Die Dehnungsausgleicher in der Heizungstechnik nennt man Lyrabögen. Sie ähneln einem großen Omega (Ω).

Der **Ausdehnungskoeffizient** ist ein materialabhängiger Stoffwert, d.h. er ist für jeden Stoff anders. Werte dafür findet man im Tabellenbuch. Er gibt an, um wie viel mm sich ein Stoff von 1 m Ausgangslänge bei Temperaturerhöhung um 1 K ausdehnt.

Längenausdehnung

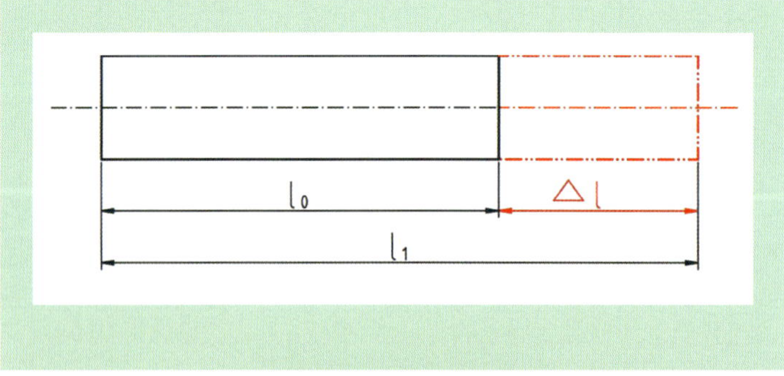

$$\Delta l = l_0 \cdot \alpha_1 \cdot \Delta t$$

Delta (Δ) bedeutet immer Veränderung/Änderung!

Formelzeichen:

Δl = die Längenänderung [mm, m]

l_0 = die Ausgangslänge des Stoffes [mm, m]

α_1 = Längenausdehnungskoeffizient $[\frac{1}{°C}]$ oder $[\frac{1}{K}]$, (Tabellenwert)

Δt = die Temperaturänderung [K]

l_1 = die neue Länge

Eine Temperaturänderung wird immer in Kelvin [K] angegeben. Wird z.B. ein Stoff von 20 °C auf 25°C erwärmt, beträgt die Temperaturänderung 25 °C- 20 °C = 5 K.

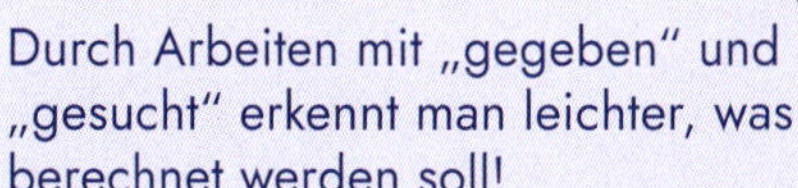

Durch Arbeiten mit „gegeben" und „gesucht" erkennt man leichter, was berechnet werden soll!

Mit der vorgenannten Formel wird die Längenänderung ermittelt. Die neue Länge ermittelt man mit $l_1 = l_0 \pm \Delta l$

Natürlich kann man die neue Länge auch in einem Schritt in einer Formel errechnen, nämlich mit

$$l_1 = l_0 \cdot (1 + \alpha_1 \cdot \Delta t)$$

Volumenausdehnung

Eine Volumenausdehnung ist eine Ausdehnung in drei Längendimensionen (Länge, Breite, Höhe).

Die Berechnungsformel dazu ist im Grunde die gleiche wie bei der Längenausdehnung. Lediglich der Volumenausdehnungskoeffizient α_V ist ein anderer als der Längenausdehnungskoeffizient. Aber auch er ist im Tabellenbuch zu finden.

$$\Delta V = V_0 \cdot \alpha_V \cdot \Delta t$$

Sollte α in einer Tabelle mit der Einheit $[\frac{mm}{m \cdot K}]$ angegeben sein, muss folgende Umrechnung erfolgen:

$$\frac{mm}{m \cdot K} \cdot \frac{1m}{1000mm} = \frac{1}{K}$$

Formelzeichen:
V_0 = Anfangsvolumen [mm^3, l, m^3]
ΔV = Volumenänderung [mm^3, l, m^3]
α_V = Volumenausdehnungskoeffizient [$\frac{1}{°C}$] oder [$\frac{1}{K}$], (Tabellenwert)
Δt = die Temperaturänderung [K]

Für feste Körper gilt näherungsweise

$$\alpha_V \sim 3 \cdot \alpha_l$$

Der Volumenausdehnungskoeffizient entspricht ungefähr drei Längendimensionen.

Mögliche Fehlerquelle:
Es wird nicht bedacht, dass ein Körper, der sich abkühlt, kleiner wird. D. h. hier kommen bei Berechnungen negative Vorzeichen heraus.

19. Längen- und Volumenausdehnung

Übungsaufgaben (Tabellenbuch verwenden):

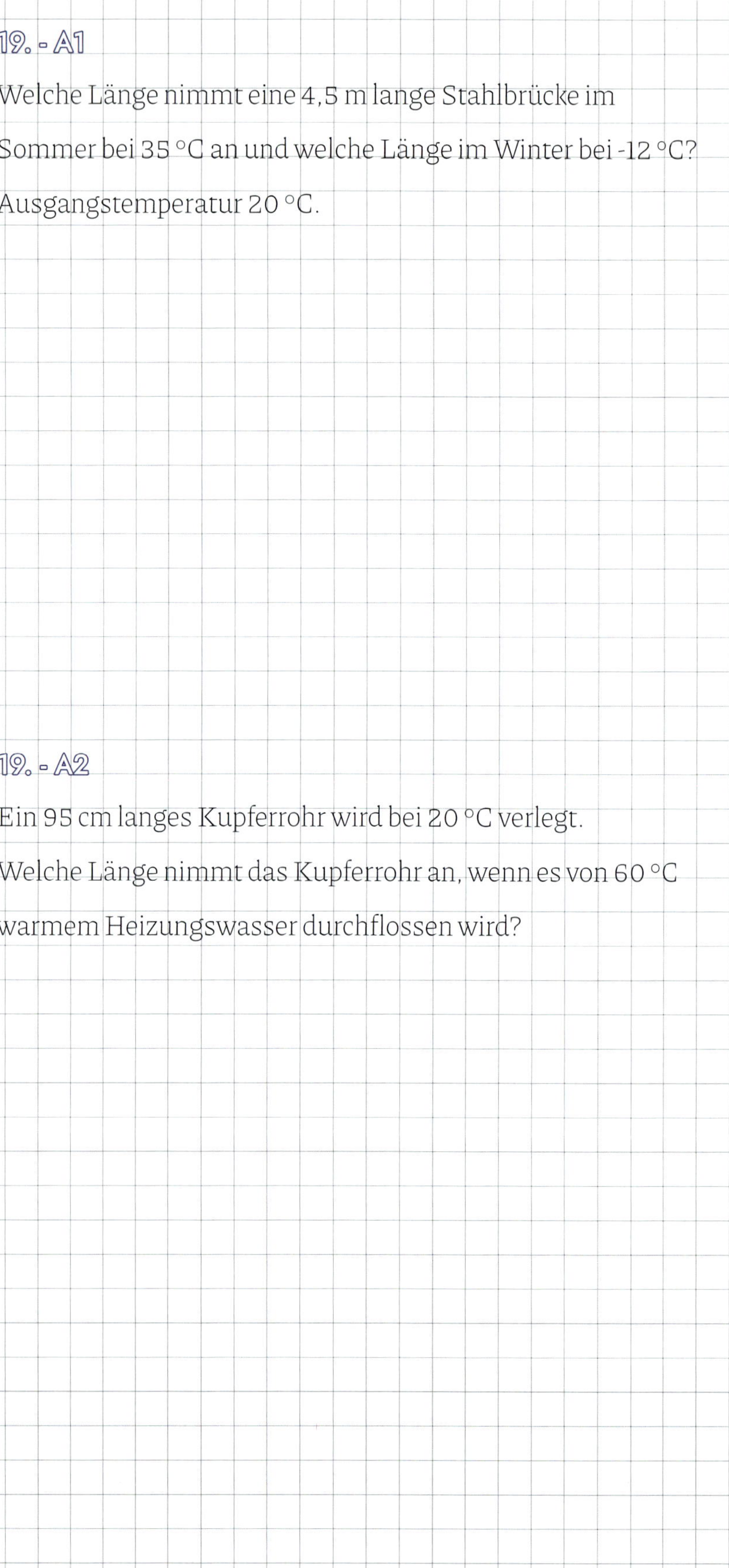

19. - A1

Welche Länge nimmt eine 4,5 m lange Stahlbrücke im Sommer bei 35 °C an und welche Länge im Winter bei -12 °C? Ausgangstemperatur 20 °C.

19. - A2

Ein 95 cm langes Kupferrohr wird bei 20 °C verlegt. Welche Länge nimmt das Kupferrohr an, wenn es von 60 °C warmem Heizungswasser durchflossen wird?

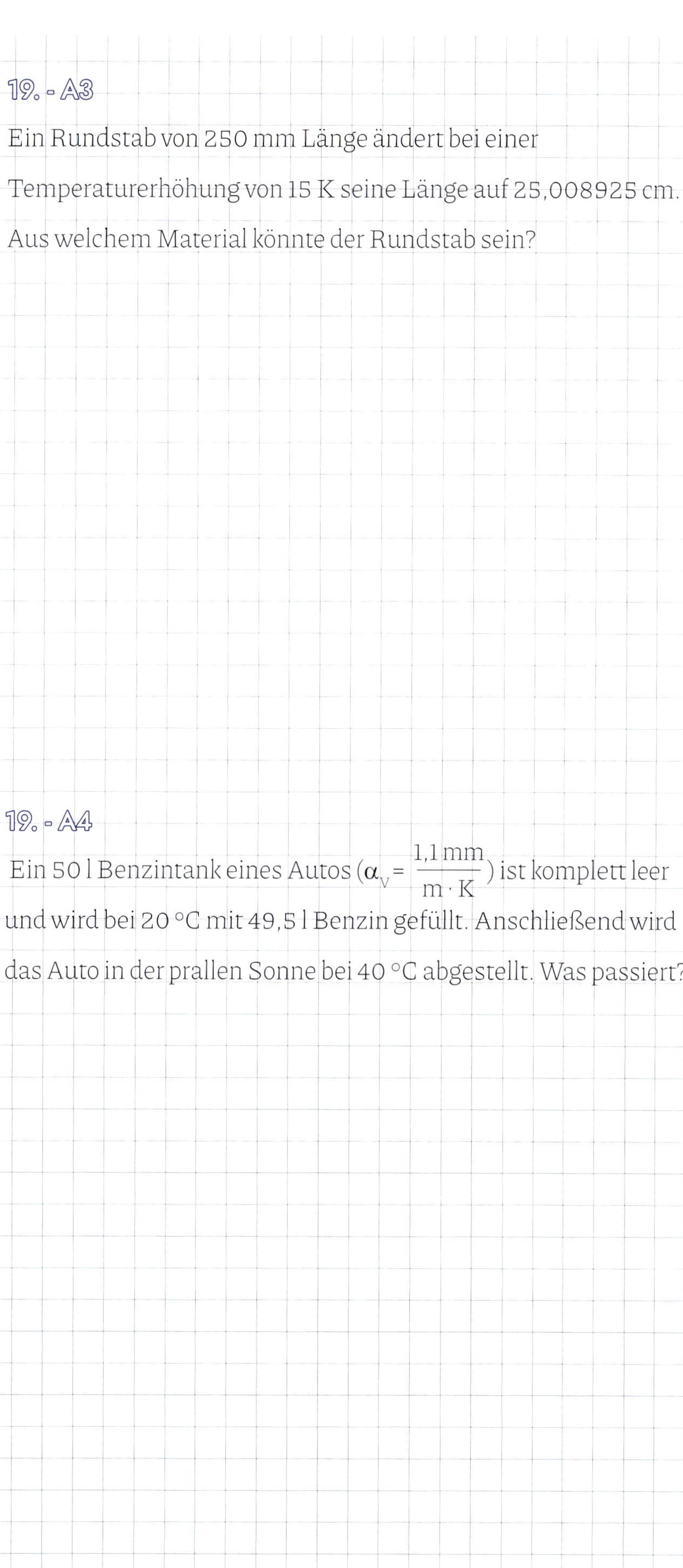

19. - A3

Ein Rundstab von 250 mm Länge ändert bei einer Temperaturerhöhung von 15 K seine Länge auf 25,008925 cm. Aus welchem Material könnte der Rundstab sein?

19. - A4

Ein 50 l Benzintank eines Autos ($\alpha_V = \frac{1{,}1\,\text{mm}}{\text{m} \cdot \text{K}}$) ist komplett leer und wird bei 20 °C mit 49,5 l Benzin gefüllt. Anschließend wird das Auto in der prallen Sonne bei 40 °C abgestellt. Was passiert?

20. Riementrieb und Übersetzungen

Berechnungen von einfachen oder mehrfachen Riementrieben finden in der Antriebstechnik, bei Ventilatoren usw. ihre Verwendung. Man kann sich als Riementrieb gut eine Fahrradkette vorstellen.

Einfacher Riementrieb

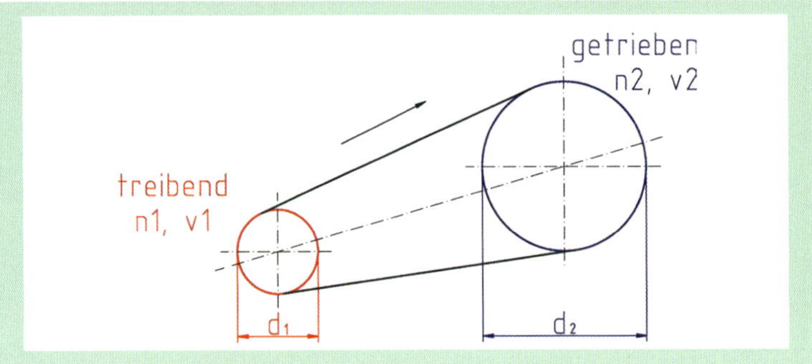

Formelzeichen:
v = Umfangsgeschwindigkeit eines Rades $[\frac{m}{s}]$
d = Durchmesser eines Rades [mm]
n = Drehzahl eines Rades $[\frac{1}{min}]$
i = Übersetzungsverhältnis [-]

Wird eine Drehzahl von einem Rad (treibendes Rad) mittels einem Riemen auf ein zweites Rad übertragen (getriebenes Rad), so spricht man vom einfachen Riementrieb. Je nachdem, ob das 2. Rad kleiner oder größer als das 1. Rad ist, verändert sich die Drehzahl entsprechend. Sie wird größer (schneller) bzw. kleiner (langsamer).

Die Geschwindigkeit eines Rades ermittelt sich über

$$v = d \cdot \pi \cdot n$$

D. h. man berechnet den Umfang eines Kreises und multipliziert diesen dann mit der Drehzahl (Anzahl der Umdrehungen in einer bestimmten Zeit).

Aus dieser Formel ergibt sich für das erste Rad $v_1 = d_1 \cdot \pi \cdot n_1$
Für das 2. Rad ergibt sich $v_2 = d_2 \cdot \pi \cdot n_2$

Da der Riemen, der um beide Räder gespannt ist, nur mit einer Geschwindigkeit umläuft, kann man $v_1 = v_2$ setzen.
Somit ist $d_1 \cdot \pi \cdot n_1 = d_2 \cdot \pi \cdot n_2$.

Gleiche Elemente auf beiden Seiten der Gleichung kürzen sich weg, d.h. π kann entfallen. Die Gleichung lautet nun

$$d_1 \cdot n_1 = d_2 \cdot n_2.$$

$i > 1$
Übersetzung ins Langsame
(umgangsprachlich: Untersetzung)

$i < 1$
Übersetzung ins Schnelle

Durch Umstellen kann man alle Drehzahlen bzw. alle Durchmesser auf eine Seite bringen, so dass sich ein **Übersetzungsverhältnis i** ergibt:

$$i = \frac{n_1}{n_2} = \frac{d_2}{d_1}$$

- Drehzahlverhältnis ist umgekehrtes Durchmesserverhältnis.

Durch unterschiedliche Einheiten muss die Formel mit Umrechnungszahlen „korrigiert" werden.

Die Umrechnung $\frac{1}{min}$ in $\frac{1}{s}$ erfolgt nach:

1 Minute hat 60 Sekunden. $\frac{1}{min} \cdot \frac{min}{60\ s}$

Umrechnung von mm in m erfolgt durch Dividieren mit (Teilen durch) 1000:

Ein m hat 1000 mm: 1mm $\cdot \frac{m}{1000\ mm}$

Dadurch entsteht die Formel:

$$v = \frac{d \cdot \pi \cdot n}{1000 \cdot 60}\ [m/s]$$

i schreibt man vorzugsweise als Bruch, d. h. z. B. kann man bei einem Übersetzungsverhältnis

i = 1:2

besser mit

$i = \frac{1}{2}$

rechnen.

20. Riementrieb und Übersetzungen

Bei mehreren Übersetzungsverhältnissen hat man mehrere Brüche, die man gegebenenfalls gegeneinander kürzen kann. Unter Umständen benötigt man keinen Taschenrechner. Hier sei auf das Kapitel Bruchrechnung verwiesen.

Mehrfacher Riementrieb

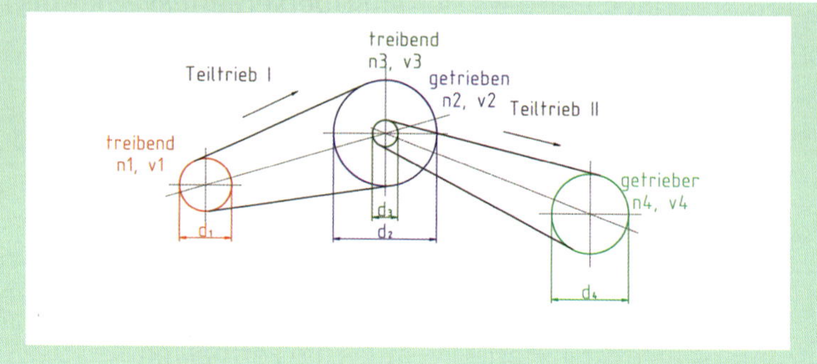

Der mehrfache Riementrieb ist nichts anderes als mehrere einfache Riementriebe zusammengesetzt. Es ergeben sich mehrere Einzelübersetzungen, aus denen man das Gesamtübersetzungsverhältnis ermitteln kann.

So ergibt sich für

Teiltrieb I:

$d_1 \cdot n_1 = d_2 \cdot n_2$ und $i = \frac{n_1}{n_2} = \frac{d_2}{d_1}$

Teiltrieb II:

$d_3 \cdot n_3 = d_4 \cdot n_4$ und $i = \frac{n_3}{n_4} = \frac{d_4}{d_3}$

Das Gesamtübersetzungsverhältnis ist das Produkt der Einzelübersetzungen.

$$i_{ges} = i_1 \cdot i_2 \cdot i_3 \cdot .....$$

Daraus ergibt sich $i_{ges} = \frac{d_2}{d_1} \cdot \frac{d_4}{d_3}$ bzw. $i_{ges} = \frac{n_1}{n_2} \cdot \frac{n_3}{n_4}$

Da Rad 2 und 3 eine gemeinsame Welle haben, laufen sie auch mit gleicher Drehzahl. Wodurch sich n_2 und n_3 in der Gleichung gegeneinander wegkürzen lassen, so dass als Formel übrig bleibt:

$i_{ges} = \frac{n_1}{\cancel{n_2}} \cdot \frac{\cancel{n_3}}{n_4}$ $i_{ges} = \frac{n_1}{n_4}$

$n_1 = n_A$ = Anfangsdrehzahl

$n_4 = n_E$ = Enddrehzahl

$$i_{ges} = \frac{n_A}{n_E}$$

Mögliche Fehlerquelle:
Die Umrechnung von Einheiten wird nicht berücksichtigt.

Übungsaufgaben:

20. - A1

Wie groß ist die Drehzahl n_2, wie schnell drehen sich die Räder v_1 und v_2? Wie groß ist die Übersetzung i?

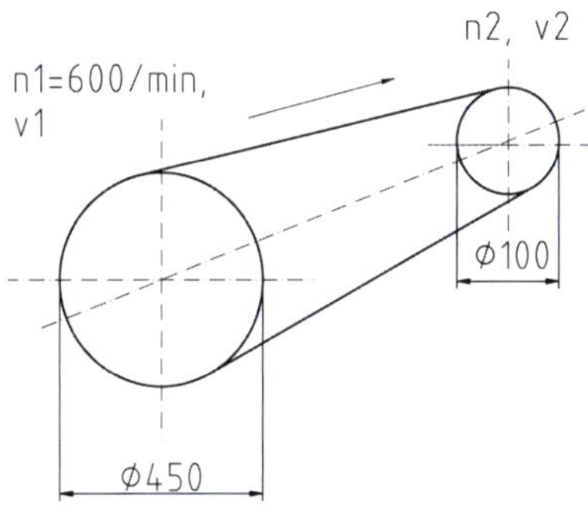

20. - A2

Drehzahl $n_1 = \frac{900}{\text{min}}$. Wie groß ist die Enddrehzahl n_E?
Wie groß sind die Einzelübersetzungen i_1 und i_2 und die Gesamtübersetzung i_{ges}?

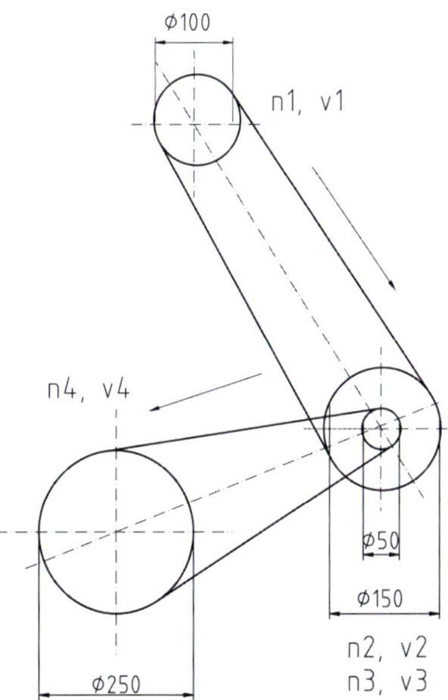

20. - A3

Ein mehrfacher Riementrieb besteht aus den Einzelübersetzungen 1:2, 2:5, 2:3 und 4:7. Errechnen Sie das Gesamtübersetzungsverhältnis i_{ges}. Kürzen Sie, wenn möglich.

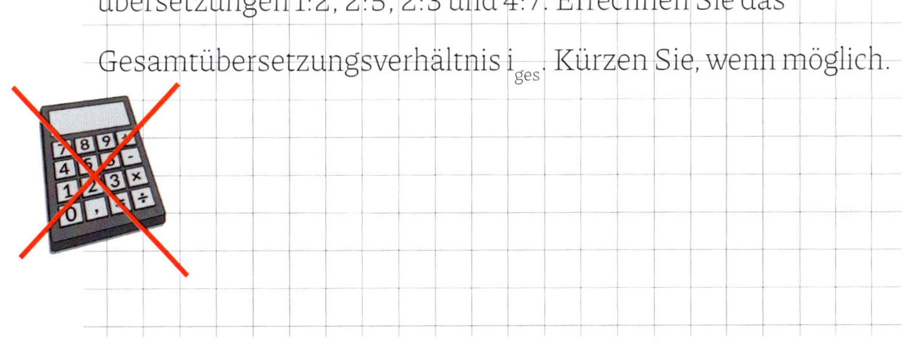

21. Elektrotechnische Grundlagen

Die elektrotechnischen Grundlagen sind wichtige Grundlagen für die Gebäudetechnik, auch in der Messtechnik. D.h. Technische Systemplaner, Mechatroniker für Kältetechnik und Elektroniker benötigen dieses Basisverständnis der Zusammenhänge in elektrischen Stromkreisen unbedingt. Es ist wichtig für theoretische Berechnungen, die in der Praxis umgesetzt werden.

Stromdichte und das Ohmsche Gesetz

Das Ohmsche Gesetz wurde von dem deutschen Physiker Georg Simon Ohm festgestellt. Es ist eine wichtige Grundlage in der Elektrotechnik und beschreibt die Zusammenhänge zwischen Strom [I], Spannung [U] und Widerstand [R].

Stom ist unsichtbar.Dies kann bei Elektroarbeiten zu Leichtsinnigkeit und damit verbunden zu Gefahren, wie Stromschlägen führen. Durch die Unsichtbarkeit des Stroms fehlt oft das Verständnis für elektrische Vorgänge, die man sich aber sehr gut verdeutlichen kann, wenn man an fließendes Wasser in einer Rohrleitung denkt:

Strom ist eine fließende Ladung und transportiert Energie. Das fließende Wasser symbolisiert einen Strom = Bewegung von Ladungsträgern. Die Elektronen (Wasser) bewegen sich durch einen Leiter (Rohrleitung) = Stromfluss I [A].

Dabei ergibt sich die **Stromdichte**:

$$J = \frac{I}{A} \left[\frac{A}{mm^2} \right]$$

Wichtig ist, dass die Stromdichte in einem Kabel nicht zu hoch werden darf, da das Kabel sich erwärmen kann. Auf Dauer könnte die Kabelisolierung zerstört und ein Brand ausgelöst werden.

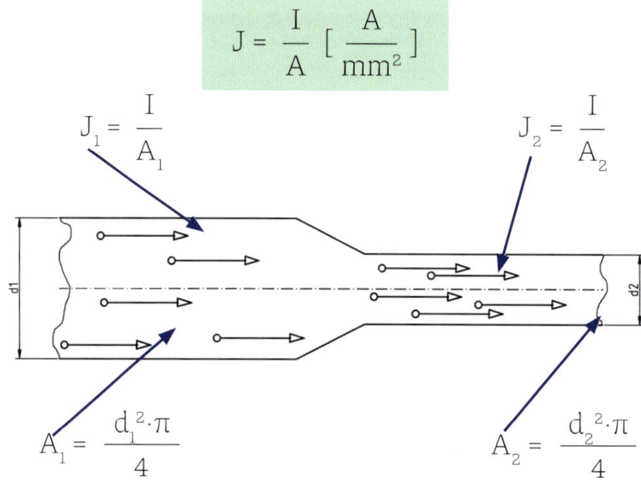

Je kleiner nun der Querschnitt des Leiters wird, umso größer wird die Stromdichte. Verglichen mit Wasser: Je kleiner eine Wasserleitung wird, umso schneller fließt das Wasser bei gleichbleibendem Wasserdurchgang.

Damit der Strom fließen kann, benötigt er eine antreibende Kraft, hier die Spannung U [V].

Je höher die Spannung U [V] ist, umso mehr Elektronen können fließen, umso höher ist theoretisch der Strom I [A].

Aber kein Vorgang ist verlustfrei. Man stelle sich einen Engpass in der Rohrleitung vor, einen Widerstand R [Ω], der den Elektronenfluss abbremst und damit Verluste erzeugt.

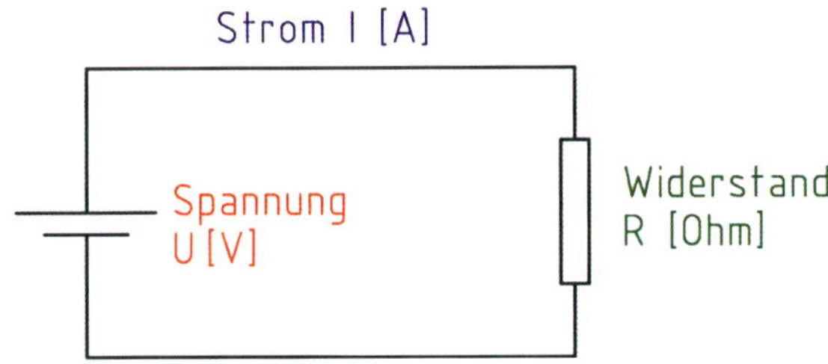

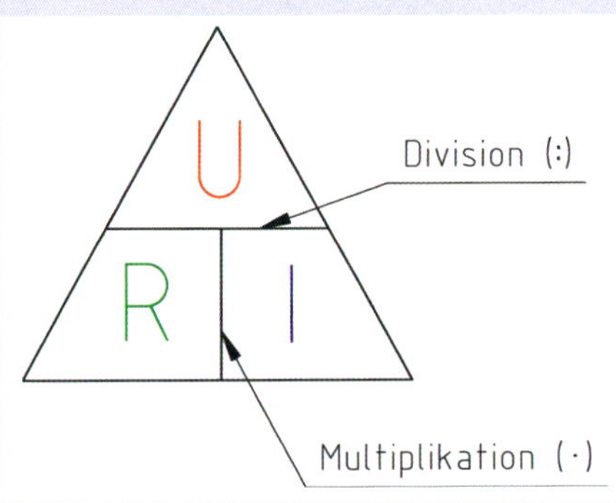

Mit diesem Dreieck kann man ganz einfach auf die Formeln für U oder R oder I schließen, ohne dass man Formeln umstellen können muss:

$$U = R \cdot I$$

$$R = \frac{U}{I}$$

$$I = \frac{U}{R}$$

Formelzeichen:
U = Spannung [V]
R = Widerstand [Ω]
I = Strom [A]

21. Elektrotechnische Grundlagen

Das Gegenteil von Leiten ist Widerstehen.
Ein Leiter leitet, ein Widerstand widersetzt sich der Stromleitung.

Elektrischer Widerstand

Elektrische Leiter leiten Strom, aber nicht verlustfrei, da es in einem Leiter immer Widerstände gibt, die das Fließen des Stroms behindern. Die Größe eines Widerstandes R hängt vom Leiter selber ab, von der Länge des Leiters [m], dem Material des Leiters ρ sowie dem Querschnitt A des Leiters [mm^2].

Da der Leiter rund ist, errechnet sich der Querschnitt über eine runde Fläche $A = \frac{d^2 \cdot \pi}{4}$

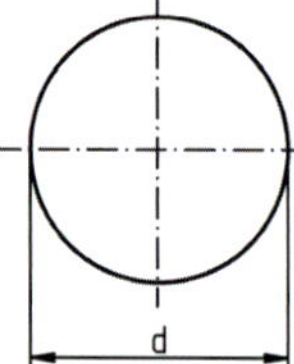

Beide Werte γ und ρ findet man im Tabellenbuch oft nebeneinander – was zu Verwechslung führen kann.

Der Elektrische Leiterwiderstand R wird mit dieser Formel berechnet:

$$R = \frac{\rho \cdot l}{A} \, [\Omega]$$

Den Kehrwert, also das Gegenteil, des spezifischen elektrischen Widerstandes

$$\rho = \frac{1}{\gamma} \left[\frac{\Omega \cdot mm^2}{m} \right]$$

nennt man elektrische Leitfähigkeit $\gamma \left[\frac{m}{\Omega \cdot mm^2} \right]$.

Wird γ verwendet, ändert sich die Berechnungsformel für R folgendermaßen:

$$R = \frac{l}{\gamma \cdot A} \, [\Omega]$$

Der Kehrwert des Widerstandes ist $\frac{1}{R}$ = G und heißt elektrischer Leitwert. Die Einheit dazu heißt Siemens [S].

Formelzeichen:
R = Widerstand [Ω]
l = Länge [m]
ρ = spezifischer elektrischer Widerstand des Leiters $\left[\frac{\Omega \cdot mm^2}{m} \right]$
A = Querschnitt des Leiters [mm^2]

γ = elektrische Leitfähigkeit $\left[\frac{m}{\Omega \cdot mm^2} \right]$

G = elektrischer Leitwert $\left[S = \frac{A}{V} \right]$

Thermische Widerstände/Thermistoren

(aus dem Englischen: Thermalresistor)

Widerstände sind aber nicht nur von der Länge, dem Material und dem Querschnitt des Leiters abhängig, sondern auch von der Temperatur. Thermische Widerstände, sogenannte Thermistoren, ändern ihren Widerstand mit der Temperatur.

Man unterscheidet dabei zwischen Kalt- und Heißleitern.

Ein **Kaltleiter** hat bei niedriger Temperatur einen geringen Widerstand: er leitet elektrischen Strom bei niedriger Temperatur besser. Ein Kaltleiter wird auch **PTC** (= engl. **P**ositive **T**emperature **C**oefficient) genannt.

Ein **Heißleiter** hat bei höherer Temperatur einen geringen Widerstand: er leitet elektrischen Strom bei höheren Temperaturen besser. Ein Heißleiter wird auch **NTC** (= engl. **N**egative **T**emperature **C**oefficient) genannt.

Ein Pt 100 ist ein Messwiderstand aus Platin (chem. Zeichen Pt) und hat bei einer Temperatur von 0 °C einen Widerstand von 100 Ω.

Ein Pt 1000 ist ein Messwiderstand aus Platin (chem. Zeichen Pt), der bei 0 °C einen Nennwiderstand von 1000 Ω hat.

Die **Widerstandsänderung eines Thermistors** errechnet sich mit der Formel

$$\Delta R = R_{20} \cdot \alpha \cdot \Delta t \ [\Omega]$$

Damit ist aber nicht der **Endwiderstand bei einer bestimmten Temperatur** ermittelt. Dieser berechnet sich über

$$R_t = R_{20} + \Delta R \ [\Omega]$$

Wenn man jetzt in diese 2. Formel die 1. Formel einsetzt, ergibt sich

$$R_t = R_{20} + (R_{20} \cdot \alpha \cdot \Delta t) \ [\Omega]$$

Diese Formel kann man durch Ausklammern vereinfachen, so dass sich folgendes ergibt:

$$R_t = R_{20} \cdot (1 + \alpha \cdot \Delta t) \ [\Omega]$$

$$\Delta t = t - t_{20} \ [K]$$

Formelzeichen:
ΔR = Widerstandsänderung [Ω]
R_{20} = Widerstand bei 20 °C [Ω]
R_t = Widerstand bei einer bestimmten Temperatur [Ω]
α = Temperaturkoeffizient, materialabhängig, Tabellenwert [$\frac{1}{K}$]
Δt = Temperaturänderung [K]
t = Endtemperatur [°C]
t_{20} = Temperatur bei 20 °C [°C]

21. Elektrotechnische Grundlagen

Mögliche Fehlerquellen:
- Verwechslung beim Ablesen der Tabellenwerte ρ (spezifischer elektrischer Widerstand) und γ (elektrische Leitfähigkeit)
- Verwechslung der Tabellenwerte ρ (spezifischer Widerstand) und ρ (Dichte)
- Verwechslung der Tabellenwerte α (Temperaturausdehnungskoeffizient) und α (Längenausdehnungskoeffizient)

Leichter Umgang mit dem Tabellenbuch:
Das Stichwort-Verzeichnis am Ende des Buches hilft oft besser weiter als das Inhaltsverzeichnis am Anfang des Buchs, da man dort nach Schlagworten suchen kann.

Übungsaufgaben (Tabellenbuch verwenden):

21. - A1

Ein 250 m langer Leiter hat einen Widerstand von 0,5 Ω.

Welchen Querschnitt A in mm² hat der Leiter, wenn er aus Kupfer, Aluminium, Nickel bzw. Messing besteht?

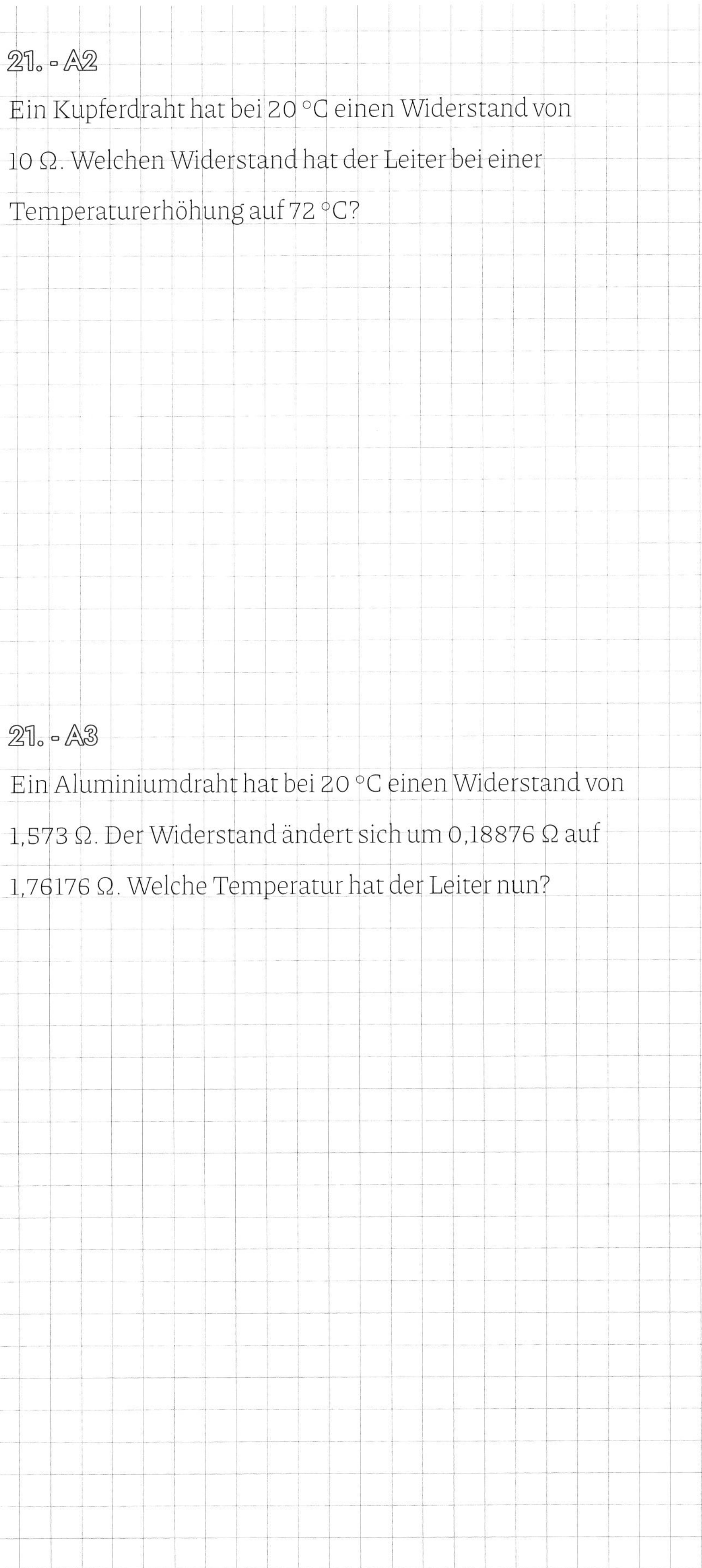

21. - A2

Ein Kupferdraht hat bei 20 °C einen Widerstand von 10 Ω. Welchen Widerstand hat der Leiter bei einer Temperaturerhöhung auf 72 °C?

21. - A3

Ein Aluminiumdraht hat bei 20 °C einen Widerstand von 1,573 Ω. Der Widerstand ändert sich um 0,18876 Ω auf 1,76176 Ω. Welche Temperatur hat der Leiter nun?

22. Elektrotechnische Widerstandsschaltungen

Eine Schaltung besteht oft nicht nur aus einem Widerstand sondern aus mehreren. Je nachdem wie die Widerstände angeordnet sind, wirkt sich der Aufbau unterschiedlich auf den Stromkreis aus.

Es gibt verschiedene Gesetzmäßigkeiten, die man beachten muss.

In einem Stromkreis können mehrere Widerstände unterschiedlich angeordnet sein: in Reihe oder Parallel oder beides.

Je nach Anordnung der Einzelwiderstände berechnet man aus ihnen mit den entsprechenden Gesetzmäßigkeiten einen **Gesamtwiderstand R_{ges}**, auch **Ersatzwiderstand**, genannt.

Zusätzlich gilt durchaus auch das Ohmsche Gesetz. Hier sei auf Kapitel Elektrotechnische Grundlagen verwiesen, in dem bereits grundlegende Begriffe definiert wurden.

Reihenschaltung

Sind mehrere Widerstände (mindestens zwei Stück) hintereinander in einer Reihe geschaltet, nennt man das Reihenschaltung.

Ein Beispiel für eine Reihenschaltung findet man häufig in einer Lichterkette am Weihnachtsbaum. Geht ein Licht nicht, funktioniert dann die ganze Lichterkette nicht mehr.

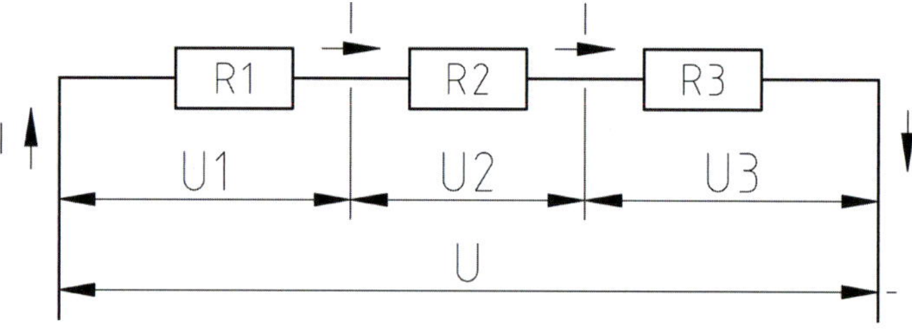

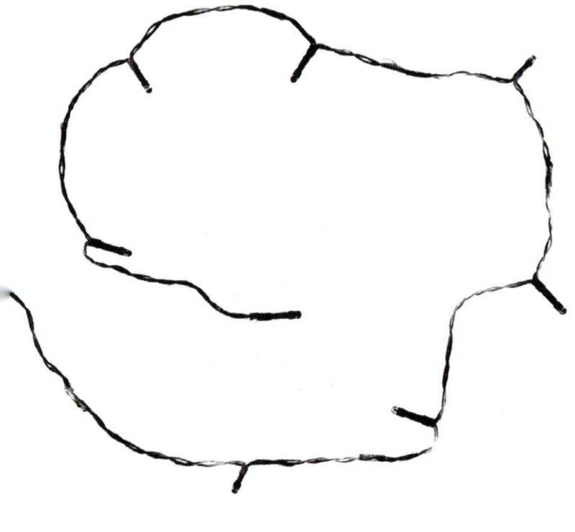

Gesetzmäßigkeiten bei Reihenschaltung von Widerständen:

Durch jeden Widerstand fließt der gleiche Strom, d.h. I ist überall gleich groß:

$$I_{ges} = I_1 = I_2 = I_3 = \ldots \text{ [A]}$$

Die Einzelwiderstände addieren sich zu einem Gesamtwiderstand:

$$R_{ges} = R_1 + R_2 + R_3 + \ldots \text{ [}\Omega\text{]}$$

An jedem einzelnen Widerstand herrscht eine Teilspannung. $U_1 = R_1 \cdot I$; $U_2 = R_2 \cdot I$, ...(Ohmsches Gesetz). Die einzelnen Teilspannungen addieren sich zu einer Gesamtspannung:

$$U_{ges} = U_1 + U_2 + U_3 \ldots \text{ [V]}$$

Parallelschaltung

Wenn mindestens zwei Widerstände nebeneinander geschaltet sind, nennt man das Parallelschaltung.

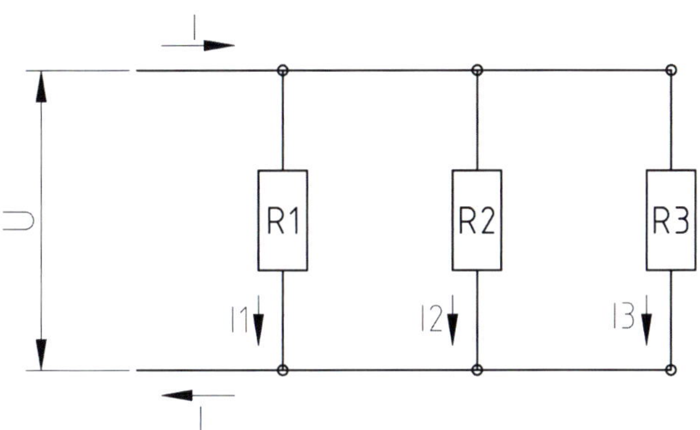

Gesetzmäßigkeiten bei Parallelschaltung von Widerständen:

Bei einer Parallelschaltung liegt an jedem Widerstand die gleiche Spannung an:

$$U = U_1 = U_2 = U_3 = \dots \text{ [V]}$$

Bei der Parallelschaltung verhalten sich die Widerstände folgendermaßen: Der Kehrwert des Gesamtwiderstandes ist gleich der Summe der Kehrwerte der Einzelwiderstände:

$$\frac{1}{R_{ges}} = \frac{1}{R_1} + \frac{1}{R_2} + \frac{1}{R_3} + \dots \text{ [}\Omega\text{]}$$

Der Strom I_{ges} verteilt sich in Teilströme:

$$I_{ges} = I_1 + I_2 + I_3 + \dots \text{ [A]}$$

wobei sich ein Teilstrom über:

$$I_1 = \frac{U}{R_1}\,;\ I_2 = \frac{U}{R_2}\,;\ \dots$$

(Ohmsches Gesetz) errechnet.

Bei der Berechnung eines Gesamtwiderstandes aus mehreren parallel geschalteten Widerständen sei auf Kapitel Bruchrechnung verwiesen. Hier gilt die Vorgehensweise wie beim Addieren von Brüchen.

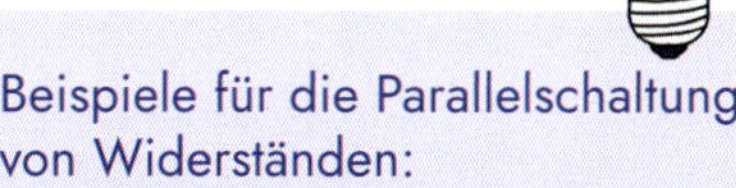

Beispiele für die Parallelschaltung von Widerständen:

- Mehrfachsteckdose eines Schreibtisches, in der PC und Schreibtischlampe eingestöpselt wurden.

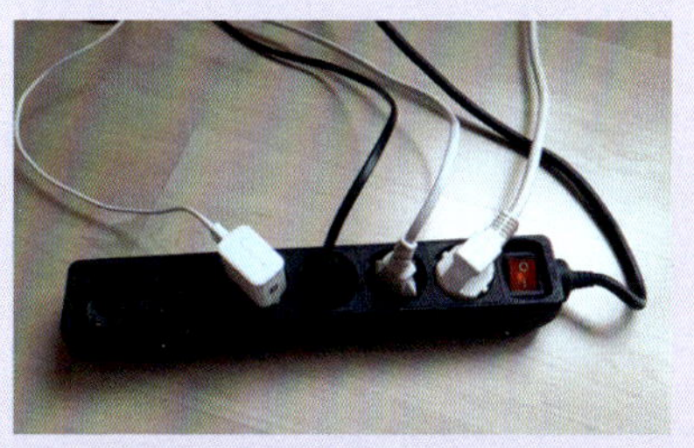

- Die Steckdosen oder auch Lampen in einem Haushalt, die einem bestimmten Bereich zugeordnet sind und mit der gleichen Sicherung abgesichert werden.

Mögliche Fehlerquelle:
Man vergisst am Ende der Berechnung von Parallelschaltungen den gesamten Kehrwert zu bilden, um R_{ges} zu ermitteln. Macht man dies nicht, hat man fälschlicherweise den Kehrwert des Gesamtwiderstandes ermittelt.

22. Elektrotechnische Widerstandsschaltungen

Gemischte Schalten

Es wäre einfach, wenn es nur reine Reihen- oder reine Parallelschaltungen gäbe. Es gibt sogenannte gemischte Schaltungen. Sie enthalten sowohl Reihen- als auch Parallelschaltungen. Eine gemischte Schaltung wird auch **Gruppenschaltung** genannt.

Man ermittelt den Ersatzwiderstand einer gemischten Schaltung, indem man diese Gruppenschaltung in Einzelschaltungen (Reihe und Parallel) zerlegt.

Dort, wo eine interne Reihenschaltung vorliegt, gelten die Berechnungsregeln für Reihenschaltung. Wird der in der Reihenschaltung ermittelte Ersatzwiderstand anschließend parallel geschaltet, gelten die Berechnungsregeln für Parallelschaltung

Die Ermittlung von Spannung U [V] und Strom I [A] folgt gemäß Kapitel Elektrotechnische Grundlagen.

Sinnvoll ist das Umzeichnen und dadurch das Vereinfachen einer Gruppenschaltung in Einzelschaltungen. Hierzu geht man folgendermaßen vor: Man beginnt am rechten unteren Eck und stellt fest, dass R_4 und R_5 in Reihe liegen.

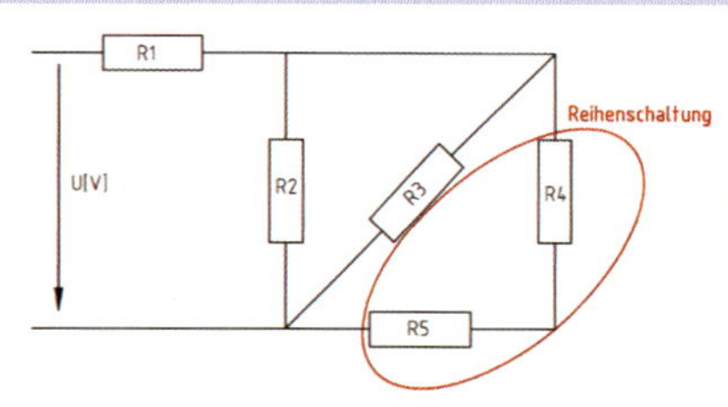

Man ermittelt $R_{4,5}$ über die Berechnung als Reihenschaltung von Widerständen: $R_{4,5} = R_4 + R_5$. Die Widerstände R_4 und R_5 kann man nun zeichnerisch durch $R_{4,5}$ ersetzen.

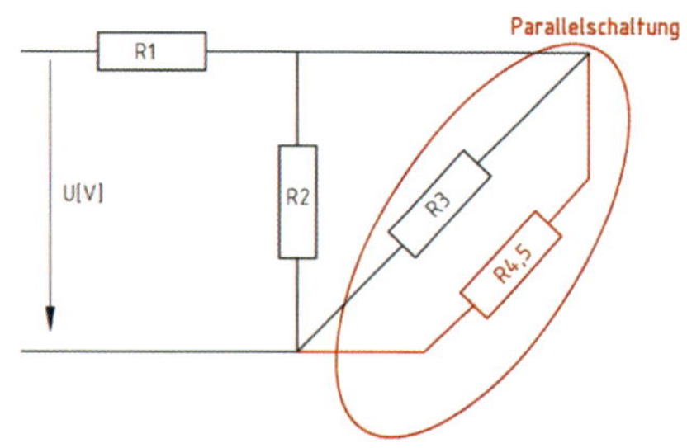

Nun stellt man fest, dass $R_{4,5}$ zu R_3 parallel liegt, d.h. man errechnet einen neuen Widerstand $R_{3,4,5}$ über die Gesetze der Parallelschaltung:

$$\frac{1}{R_{3,4,5}} = \frac{1}{R_{4,5}} + \frac{1}{R_3}$$

Dabei darf man nicht vergessen, am Ende den Kehrwert von $\frac{1}{R_{3,4,5}}$ zu bilden.

Den neu ermittelten Widerstand $R_{3,4,5}$ zeichnet man nun ein und erkennt, dass er parallel zu R_2 liegt.

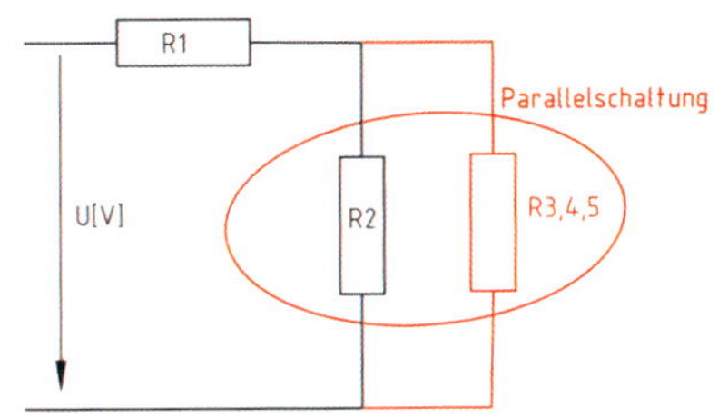

Man errechnet den neuen Widerstand $R_{2,3,4,5}$ über die Gesetze der Parallelschaltung:

$$\frac{1}{R_{2,3,4,5}} = \frac{1}{R_{3,4,5}} + \frac{1}{R_2}$$

Und bildet am Ende den Kehrwert. Der neue Widerstand $R_{2,3,4,5}$ liegt in Reihe zu R_1.

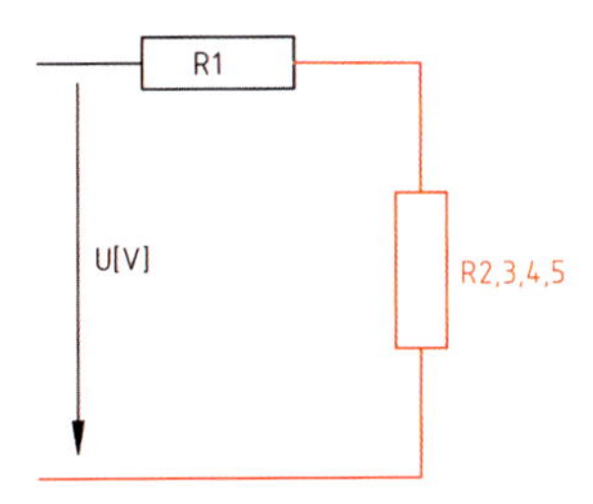

Der Ersatzwiderstand errechnet sich über die Gesetze der Reihenschaltung:

$$R_{1,2,3,4,5} = R_1 + R_{2,3,4,5}$$

Der so ermittelte Widerstand $R_{1,2,3,4,5}$ oder R_{ges} gilt als Ersatzwiderstand der fünf Einzelwiderstände R_1, R_2, R_3, R_4 und R_5.

22. Elektrotechnische Widerstandsschaltungen

Übungsaufgaben:

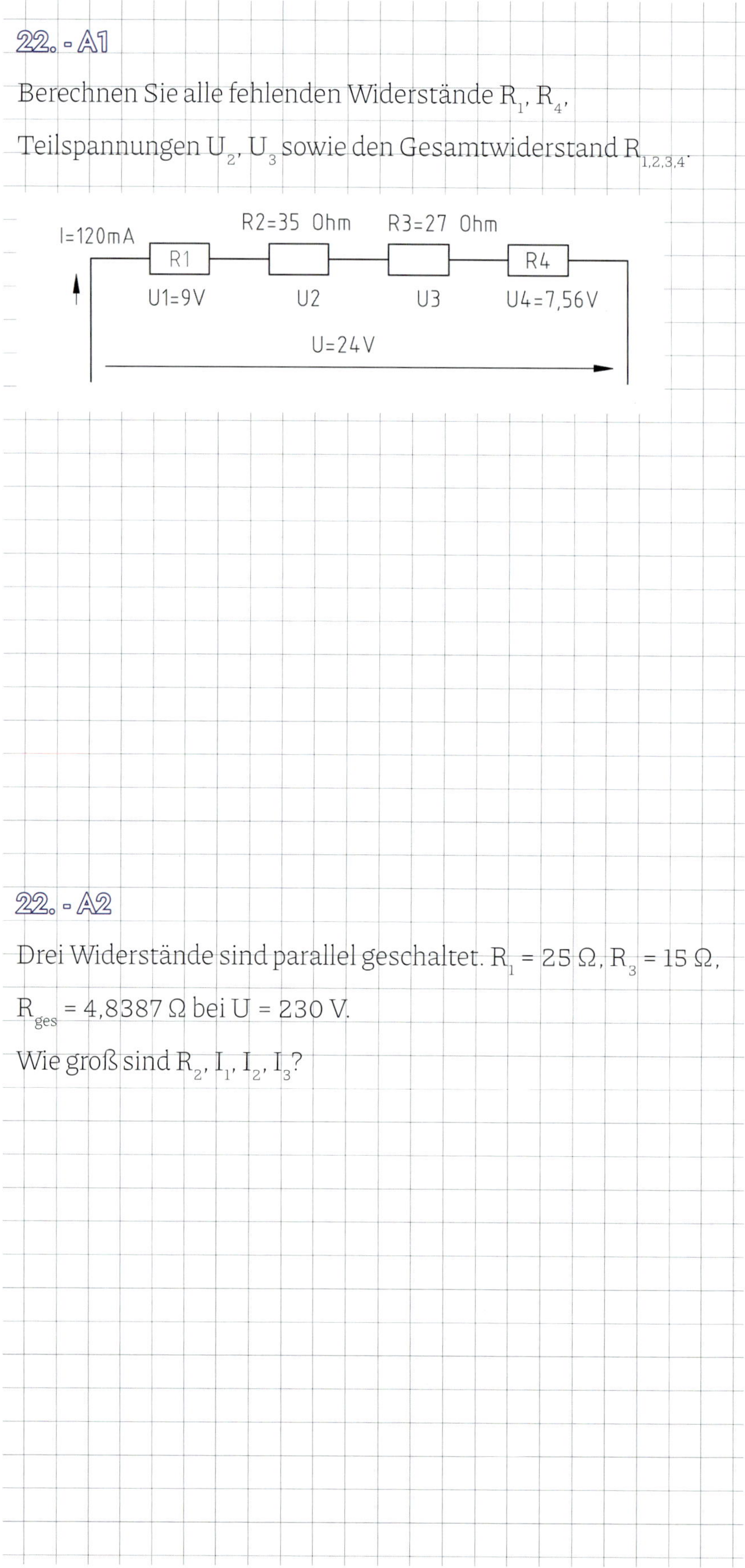

22. - A1

Berechnen Sie alle fehlenden Widerstände R_1, R_4, Teilspannungen U_2, U_3 sowie den Gesamtwiderstand $R_{1,2,3,4}$.

22. - A2

Drei Widerstände sind parallel geschaltet. R_1 = 25 Ω, R_3 = 15 Ω, R_{ges} = 4,8387 Ω bei U = 230 V.

Wie groß sind R_2, I_1, I_2, I_3?

Vier Widerstände à 15 Ω sind parallel geschaltet.

Wie groß ist der Ersatzwiderstand?

22. - A4

Wie groß ist R_{ges} bzw. $R_{1,2,3,4,5,6}$?

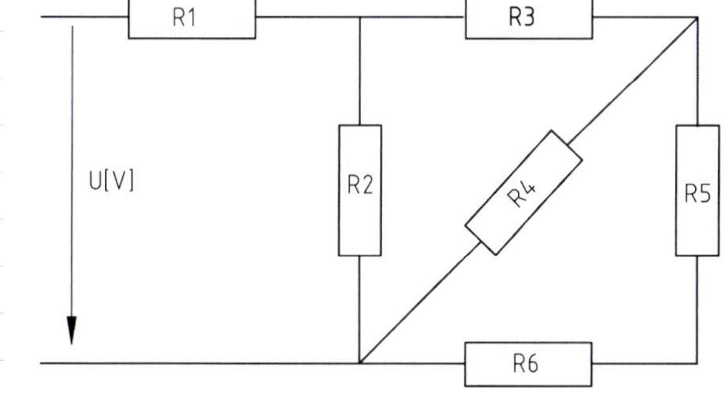

$R_1 = 12\ \Omega$

$R_2 = 15\ \Omega$

$R_3 = 17\ \Omega$

$R_4 = 10\ \Omega$

$R_5 = 20\ \Omega$

$R_6 = 15\ \Omega$

23. Elektrische Leistung

Die elektrische Leistung wird oft in Bezug auf den Energieverbrauch von Fahrzeugen, elektrischen Motoren und Verbraucher in der Gebäudetechnik angewendet.

Elektrische Leistung P für engl. Power.

Die entsprechende Einheit ist W.

Die elektrische Leistung ermittelt sich aus der elektrischen Arbeit W (=engl. Work) in einer bestimmten Zeit.

$$P = \frac{W}{t}$$

An fast allen Elektrogeräten befindet sich eine Angabe zum Leistungsverbrauch. Oft auf einem Typenschild = silbernes oder schwarzes Schild auf dem Gerät, siehe Fotos am Ende des Kapitels.

Das Leistungsdreieck ist wie das URI-Dreieck (Kapitel Elektrotechnische Grundlagen) zu verwenden. Mit diesem Dreieck kann man ganz einfach auf die Formeln für P oder U oder I schließen, ohne dass man Formeln umstellen können muss.

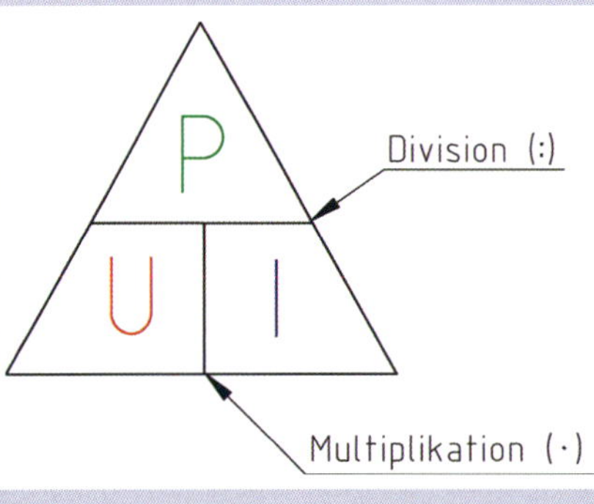

$$P = U \cdot I$$

$$U = \frac{P}{I}$$

$$I = \frac{P}{U}$$

Wichtig bei der Ermittlung der elektrischen Leistung ist die Unterscheidung in Gleichstrom, Wechselstrom und Drehstrom.

Gleichstrom:

$$P = U \cdot I\,[W]$$

Wechselstrom:

$$P = U \cdot I \cdot \cos\varphi \ [W]$$

d.h. zur Ausgangsformel für Gleichstrom multipliziert man zusätzlich cos φ.

Drehstrom:

$$P = U \cdot I \cdot \cos\varphi \cdot \sqrt{3} \ [W]$$

d.h. zur Ausgangsformel für Gleichstrom multipliziert man zusätzlich cos φ und √3.

Formelzeichen:
P = elektrische Leistung [W]
U = Spannung [V]
I = Strom [A]
cos φ = Leistungsfaktor [-], er führt zu einer Leistungsminderung, herbeigeführt durch kapazitive oder induktive Belastung
√3 = Verkettungsfaktor = 1,73 (drei Leiter mit Wechselstrom werden miteinander verkettet zu Drehstrom)

In den vorgenannten Formeln wird für P immer P_{zu} eingesetzt. Sollte P_{ab} angegeben sein, ist zu beachten, dass:

$$\eta = \frac{P_{ab}}{P_{zu}} \qquad \text{Somit ist } P_{zu} = \frac{P_{ab}}{\eta}$$

Formelzeichen:
P_{zu} = zugeführte Leistung [W]
P_{ab} = abgeführte Leistung [W]
η = Wirkungsgrad [-]

η ist immer < 1!

Natürlich kann man die elektrische Leistung auch mit anderen Größen berechnen. Setzt man in die Formel $P = U \cdot I$ für $U = R \cdot I$ ein, also das ohmsche Gesetz, erhält man:

$$P = R \cdot I^2$$

Setzt man in $P = U \cdot I$ die Formel $I = \frac{U}{R}$ ein, so erhält man:

$$P = \frac{U^2}{R}$$

Man muss schauen, was gegeben ist und was man ausrechnen möchte.

23. Elektrische Leistung

Auf einem Typenschild (silbernes oder schwarzes Schild auf einem Gerät oder einer Maschine) steht immer die Leistung, die der Kunde bekommt.

Auf dem Typenschild eines elektrischen Gerätes, z.B.: einem Wasserkocher, steht die zugeführte elektrische Leistung, auf dem Typenschild einer elektrischen Maschine, z.B. Bohrmaschine, steht die abgegebene mechanische Leistung.

Typ no. 18520
1850-2200W 220-240V~ 50/60Hz
CE

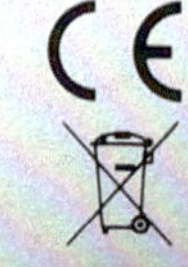

Serial no.: 2 0 1 7 4 5 3 9 9 5

Typenschild elektrischer Wasserkocher:
Die zugeführte elektrische Leistung ist hier P_{zu} = 1850-2200 W

Typenschild einer elektrischen Bohrmaschine:
Die abgegebene mechanische Leistung beträgt P_{ab} = 800 W. Die zugeführte elektrische Leistung P_{zu} kann (wenn cos φ angegeben ist) über $P_{zu} = U \cdot I \cdot \cos \varphi$ errechnet werden.
Über $\eta = \frac{P_{ab}}{P_{zu}}$ kann man anschließend den Wirkungsgrad der Maschine ermitteln.

Kosten des Leistungsverbrauchs

Die Kosten des Leistungsverbrauchs eines elektrischen Verbrauchers ermitteln sich über Multiplikation von Leistung mal Zeit.

$$K = W \cdot k$$

$$W = P \cdot t$$

$$K = P \cdot t \cdot k$$

Formelzeichen:
W = elektrische Arbeit [J; Ws; Wh; kWh]
t = Zeitspanne [s]
P = elektrische Leistung $[W = \frac{J}{s} = VA]$
K = Kosten [€]
k = Tarifpreis $[\frac{Ct}{kWh}\ ;\ \frac{€}{kWh}]$

Übungsaufgaben:

23. - A1

Welcher Strom fließt durch eine 0,69 kW Kaffeemasche bei einer Spannung von 230 V?

23. - A2

Ein Wasserkocher hat bei 230 V eine Leistung von 600 W. Wie groß sind Strom und Widerstand der Heizspirale des Wasserkochers?

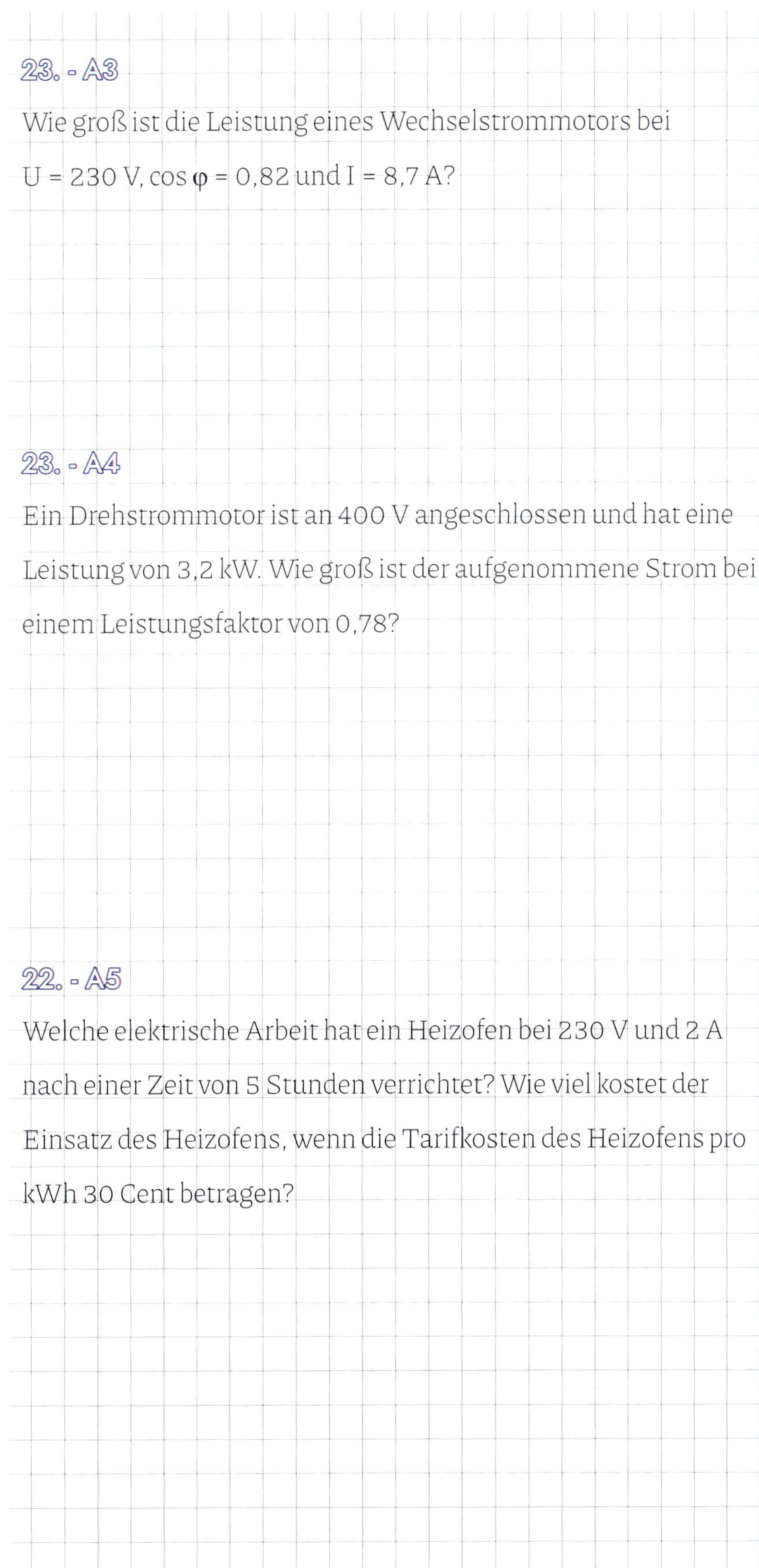

23. - A3

Wie groß ist die Leistung eines Wechselstrommotors bei $U = 230\ V$, $\cos\varphi = 0{,}82$ und $I = 8{,}7\ A$?

23. - A4

Ein Drehstrommotor ist an 400 V angeschlossen und hat eine Leistung von 3,2 kW. Wie groß ist der aufgenommene Strom bei einem Leistungsfaktor von 0,78?

22. - A5

Welche elektrische Arbeit hat ein Heizofen bei 230 V und 2 A nach einer Zeit von 5 Stunden verrichtet? Wie viel kostet der Einsatz des Heizofens, wenn die Tarifkosten des Heizofens pro kWh 30 Cent betragen?

Mögliche Fehlerquellen:

- cos φ bei Wechselstrom und cos φ oder √3 bei Drehstrom werden leider sehr oft vergessen
- cos φ wird wie bei einer Dreiecksberechnung ausgerechnet. Doch cos φ ist in der Elektrotechnik ein fester Wert und wird nicht wie bei einer Winkelfunktion ausgerechnet
- für die Berechnung der elektrischen Leistung setzt man fälschlicherweise P_{ab} anstelle von P_{zu} in der Berechnung ein

24. Logarithmische Maßstäbe in Diagrammen

Koordinatenachsen eines Diagramms sind dem Anwender oft in linearer Darstellung geläufig.

Koordinatenachsen mit logarithmische Maßstäben verwendet man, um sehr große Zahlenbereiche auf einem relativ kleinen Raum (z.B. DIN A4-Papier) darzustellen.

Das korrekte Ablesen von Werten in einem Diagramm mit logarithmischen Maßstäben ist wichtig für die Anwendung in technischen Diagrammen, z.B. im h, log p-Diagramm (Kältetechnik), in Diagrammen mit Kennlinien für Widerstände oder für Sicherungselemente.

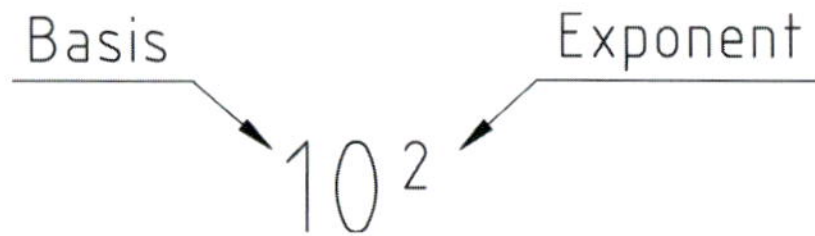

Darstellung einer 10-er Potenz

Die Alternative zu einer logarithmischen Achsendarstellung auf einer DIN A4-Seite ist eine lineare Achsendarstellung. Allerdings würde die Variante der linearen Skalenaufteilung auf einem sehr langen Papierband erfolgen, das man ggf. im Freien abwickeln müsste, um Platz zu haben. Oder die Darstellung würde auf einer DIN A4-Seite in winzig kleinem Maßstab erfolgen.

In beiden Fällen ist die linearer Darstellung für den Betrachter ungünstig, weil die Zahlenwerte undeutlich und schwer abzulesen sind. Versuchen Sie einmal, auf einem DIN A4-Papier eine Achse in 10000 gleiche Teile aufzuteilen. Sie werden sehr schnell bemerken, dass die Darstellung unübersichtlich wird, weil der lineare Maßstab sehr klein gewählt werden muss.

Bei der Anwendung von logarithmischen Darstellungen muss man sich von der geläufigen linearen Vorstellung lösen.

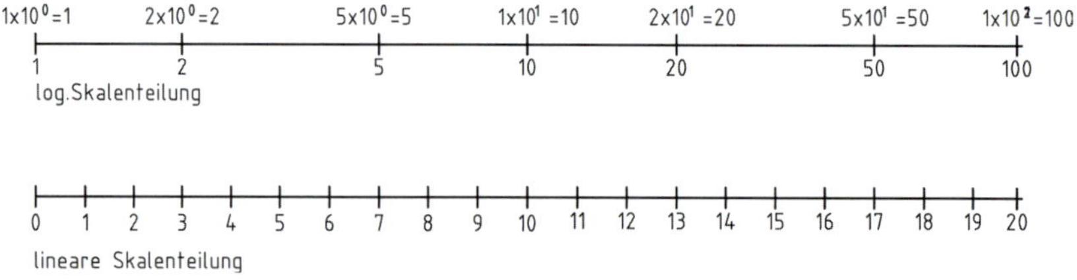

Ein Vergleich beider Skaleneinteilungen zeigt, dass bei gleicher Länge der Achse, bei logarithmischer Unterteilung ein Wert bis 100 ablesbar ist, während bei linearer Unterteilung nur Werte bis 20 abgelesen werden können.

Eine lineare Achseneinteilung erfolgt z. B. mit den Zahlen ...-2, -1, 0, 1, 2, 3, 4, oder -20, -10- 0, 10, 20, 30, 40, ...oder ..., -100, 0, 100, 200, ... Die Zahlen verändern sich linear immer um den gleichen Abstand in positive und auch negative Richtung.

Bei logarithmischer Achseneinteilung wendet man Potenzen mit der Basis 10 und dem entsprechenden Exponenten (...-2;-1; 0, 1, 2, 3,4,...) an.

Dekaden

Den Achsabstand zwischen 2 Exponenten bzw. Zehnerpotenzen nennt man **Dekade.**

Im logarithmischen Maßstab wird die Skalenaufteilung pro Dekade um eine Stelle des Exponenten, z.B. .... 10^{-4}; 10^{-3}; 10^{-2}; 10^{-1}; 10^{0}; 10^{1}; 10^{2}; 10^{3}; ... verschoben. Der Exponent verändert sich immer um eine Stelle: ... -4; -3; -2; -1; 0; 1; 2; 3....

Für die Darstellung als Dezimalzahlen heißt das, die Skaleneinteilung pro Dekade erfolgt durch Verschiebung um eine Kommastelle, z.B. ..., 0,0001; 0,001, 0,01; 0,1; 1; 10; 100; 1000; ...

Innerhalb eines Diagramms ist jede Dekade gleich groß, d.h. die Entfernung auf der Achse von 10^{-2} bis 10^{-1} ist genau so groß wie von 10^{-1} bis 10^{0}, wie von 10^{0} bis 10^{1}, wie von 10^{1} bis 10^{2}, wie von 10^{2} bis 10^{3}, wie von 10^{3} bis 10^{4},... .

Als Dezimalzahlen ausgedrückt heißt das, bei logarithmischer Achseneinteilung ist die Länge einer Dekade, der Abstand von z.B. 0,01 bis 0,1 genauso groß wie der Abstand von 0,1 bis 1, wie der Abstand von 1 bis 10, wie von 10 bis 100, wie von 100 bis 1000, wie von 1000 bis 10000........

Jede Dekade selbst wird jeweils in 10 Teile unterteilt. Aber anders als bei dezimalem Denken, sind die Zahlen innerhalb einer Dekade nicht linear aufgeteilt: **Die Aufteilung der 10 Teile innerhalb einer Dekade erfolgt immer 3 Teile, 4 Teile, 3 Teile.**

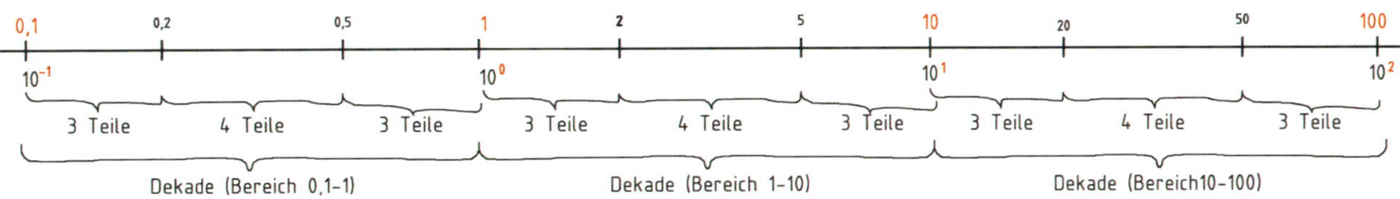

24. Logarithmische Maßstäbe in Diagrammen

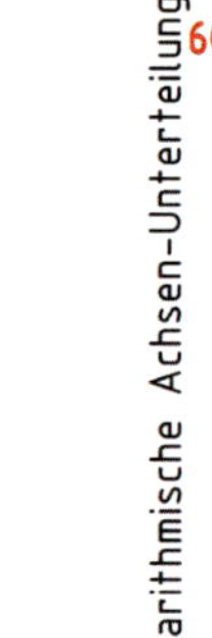

$10^{-4} = 0{,}0001$
Exponent -4 = eine 1 an der 4. Stelle nach dem Komma

$10^{-3} = 0{,}001$
Exponent -3 = eine 1 an der 3. Stelle nach dem Komma

$10^{-2} = 0{,}01$
Exponent -2 = eine 1 an der 2. Stelle nach dem Komma

$10^{-1} = 0{,}1$
Exponent -1 = eine 1 an der 1. Stelle nach dem Komma

$10^{0} = 1$
Exponent 0 = 1 (ohne Kommastelle, nicht 0 wie oft gedacht wird)

$10^{1} = 10$
Exponent 1 = eine 1 mit 1 Null

$10^{2} = 10 \cdot 10 = 100$
Exponent 2 = eine 1 mit 2 Nullen

$10^{3} = 10 \cdot 10 \cdot 10 = 1000$
Exponent 3 = eine 1 mit 3 Nullen

$10^{4} = 10 \cdot 10 \cdot 10 \cdot 10 = 10000$
Exponent 4 = eine 1 mit 4 Nullen

Aufteilung einer logarithmischen Achse

- Arbeiten an einem Diagramm mit logarithmisch aufgeteilter Achse.

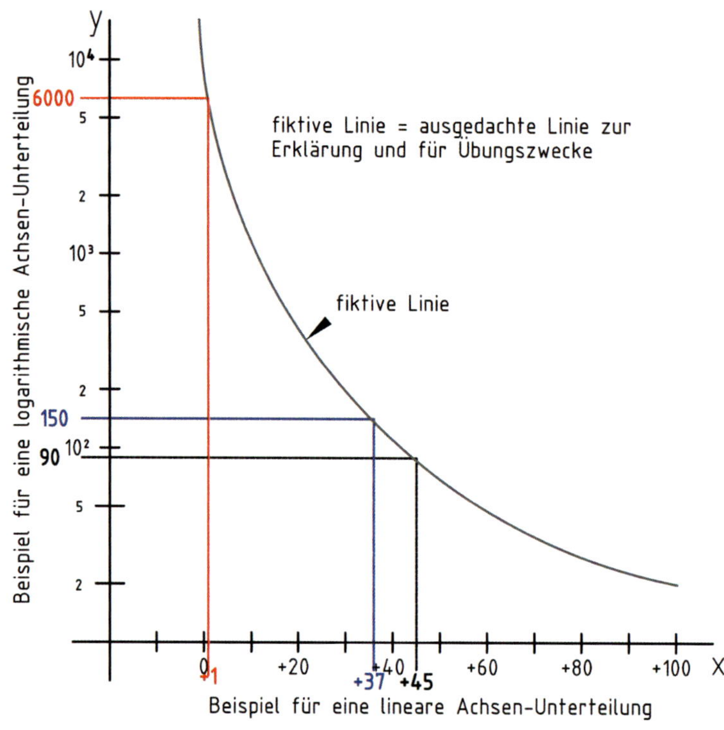

Von einem bekannten Wert auf der x-Achse ausgehend, hier z. B. + 1, zieht man eine senkrechte Gerade bis diese die fiktive Linie schneidet. Nun kann man vom Schnittpunkt ausgehend eine waagerechte Gerade bis zur y-Achse ziehen und den entsprechenden Wert ablesen. Hier $6 \cdot 10^3 = 6000$.

Ein Wert auf der x-Achse von + 37 ergibt als Schnittpunkt mit der fiktiven Linie einen abgelesenen Wert auf der y-Achse von $1{,}5 \cdot 10^2 = 150$.

Ein Wert auf der x-Achse von + 45 ergibt als Schnittpunkt mit der fiktiven Linie einen abgelesenen Wert auf der y-Achse von $9 \cdot 10^1 = 90$.

Bei einem logarithmischen Diagramm kann x- oder y-Achse logarithmisch skaliert sein oder beide Achsen.

- ein Diagramm, das aus einer linear unterteilten und einer logarithmischen unterteilten Achse besteht, heißt **einfach logarithmisch**
- eine Anwendung mit logarithmischer Unterteilungen auf beiden Achsen eines Diagrammes, also bei x-Achse und bei y-Achse nennt man **doppelt logarithmisch**

Übungsaufgaben – ohne Taschenrechner:

24. - A1

Geben Sie die folgenden Potenzen als Dezimalzahlen an,

z.B. $6 \cdot 10^1 = 60$.

$2 \cdot 10^{-4} =$

$3 \cdot 10^{-2} =$

$7 \cdot 10^2 =$

$5 \cdot 10^3 =$

$8 \cdot 10^5 =$

24. - A2

Geben Sie die folgenden Dezimalzahlen als 10er Potenzen an,

z. B. $0{,}5 = 5 \cdot 10^{-1}$:

$0{,}025 =$

$0{,}0000043 =$

$9{,}3 =$

$720 =$

$54300 =$

24. Logarithmische Maßstäbe in Diagrammen

24. - A3

Geben Sie die Werte an, die Sie an der y-Achse in Abhängigkeit der Werte x=30, x=60 und x=105 ablesen.

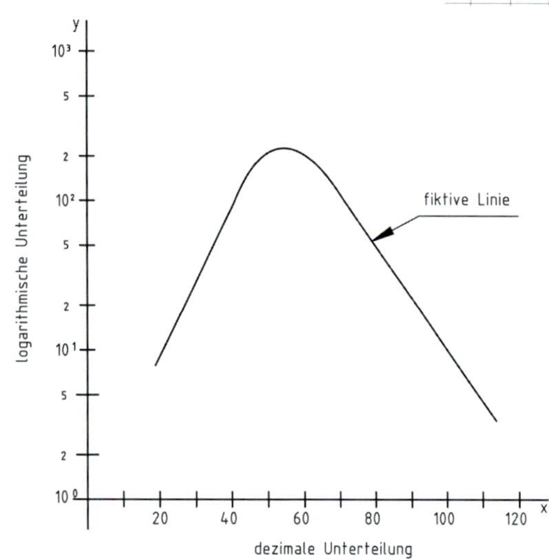

24. - A4

Welche Werte lesen Sie an der y-Achse in Abhängigkeit der Werte x=20 (fiktive Linie I), x=40 (fiktive Linie II), x=80 (fiktive Linie II), x=110 (fiktive Linie III) ab?

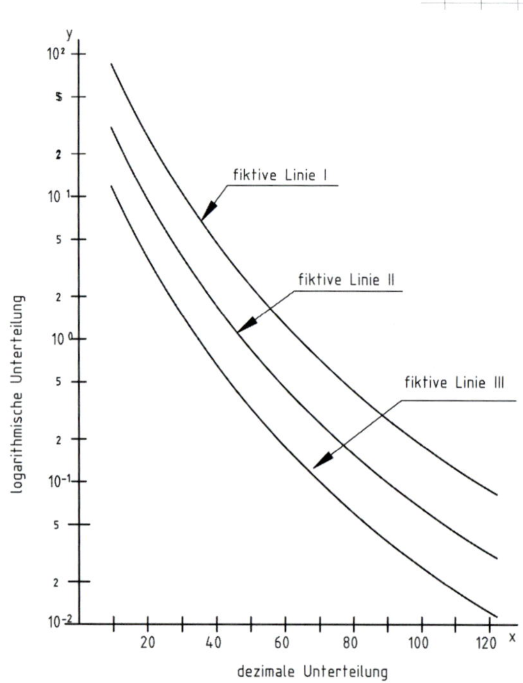